ORATIONEN

Die Tagesgebete der Festzeiten

neu übersetzt und erklärt
von Alex Stock

Verlag Friedrich Pustet
Regensburg

Bibliografische Information der Deutschen Nationalbibliothek
Die Deutsche Nationalbibliothek verzeichnet diese Publikation
in der Deutschen Nationalbibliografie;
detaillierte bibliografische Daten sind im Internet
über http://dnb.d-nb.de abrufbar.

ISBN 978-3-7917-2613-7
© 2014 by Verlag Friedrich Pustet, Regensburg
Umschlaggestaltung: Martin Veicht, Regensburg
Satz: Vollnhals Fotosatz, Neustadt a. d. Donau
Druck und Bindung: Friedrich Pustet, Regensburg
Printed in Germany 2014

Diese Publikation ist auch als eBook erhältlich:
eISBN 978-3-7917-6042-1 (epub)

Weitere Publikationen aus unserem Programm finden Sie auf
www.verlag-pustet.de

Inhalt

Einleitung 7

1. Advent 14
2. Advent 19
3. Advent 23
4. Advent 25
Weihnachten
    In der Nacht 29
    Am Morgen 35
    Am Tag 38
2. Weihnachtstag (Hl. Stephanus) 41
Sonntag in der Weihnachtsoktav 43
Oktavtag von Weihnachten 47
Erscheinung des Herrn 51
Aschermittwoch 55
1. Fastensonntag 57
2. Fastensonntag 60
3. Fastensonntag 63
4. Fastensonntag 66
5. Fastensonntag 69
Palmsonntag 71
Gründonnerstag 74
Karfreitag 79
Osternacht 82

Ostersonntag 84
2. Sonntag der Osterzeit 90
3. Sonntag der Osterzeit 93
4. Sonntag der Osterzeit 98
5. Sonntag der Osterzeit 104
6. Sonntag der Osterzeit 107
Christi Himmelfahrt 110
7. Sonntag der Osterzeit 115
Pfingsten 120
Dreifaltigkeitssonntag 125

Einleitung

Der liturgische Kalender kennt nicht nur grüne Sonntage, sondern auch violette, weiße, rote. Der im Jahre 2011 erschienene kleine Band „Orationen. Die Tagesgebete im Jahreskreis"[1] hatte die grünen Sonntage im Blick, der vorliegende wendet sich den Festen und Festzeiten zu. Es geht um die Tagesgebete der Advents- und Weihnachtszeit, der Fastenzeit, der Karwoche und Osterzeit, endend mit Pfingsten und dem Dreifaltigkeitsfest.

Der erste Band hat Zustimmung und Kritik erfahren.[2] Beides hat meine lang zurückreichende Beschäftigung mit den Orationen von Neuem beflügelt. Es geht um die Arbeit an kleinen lateinischen Texten, an ihrer lateinischen Grundfassung und dem denkbaren Übergang in die deutsche Sprache von heute. Philologisch genaue Analyse ist der Weg zum theologischen Sinngehalt. In der Dichte der Tagesgebete kann man der Theologie der Festtage und Festzeiten des Kirchenjahres nachgehen. Der Ertrag mündet jeweils in den Vorschlag einer Übersetzung.

Die Stellung in der neueren kirchlichen Übersetzungsdiskussion wurde im Vorwort des ersten Bandes besprochen. Es geht nicht darum, römischen Instruktionen zu Diensten zu sein, sondern durch sprachliche Aufmerksamkeit leicht zu übersehende Stücke der Tradition für die Gegenwart zu retten, ohne amtlichen Auftrag, rein aus eigenem Antrieb.

In dieser Arbeit ergaben und bewährten sich Regeln, die hier in der gebotenen Kürze noch einmal angeführt werden sollen:

a. Die Übersetzung hat die textpragmatische Situation im Auge. Der Priester spricht in den Orationen als Einzelperson, aber im grammatischen Plural, also stellvertretend. Er tritt im Namen einer Kommunität vor das Angesicht des unsichtbaren Gottes. An ihrer Spitze, die Delegation hinter sich, überbringt er dem Schöpfer der Welt ein Anliegen der Menschenkinder, eine Petition. Sie ist kurz und wird in aller Kürze begründet. Das ist die *brevitas Romana,* die sich vor dem *Dominus* kein weitschweifiges Gerede erlaubt. Kürze aber bedeutet Konzentration dessen, was man sagen will, in rhetorisch gespannter Form. Es ist eine lapidare Form römischer Kunstprosa.
b. Die Übersetzung sollte semantisch so genau wie möglich sein. Die anschauliche Konsistenz des semantischen Feldes ermöglicht ein szenisches Verstehen der Situation *coram Deo*. Eng am Text ist pastoraler Jargon ebenso zu vermeiden wie modische Extravaganz.
c. Die Übersetzung sollte die syntaktische Struktur des Textes achten. Wenn in der grammatischen Verschachtelung nicht nur ein rhetorisches Ornament zu sehen ist, sondern sich die Komplexität der Sache selbst artikuliert, dann sollte der Katarakt nicht zu schnell in die Flüssigkeit einer gängigen Periode begradigt werden.
d. Die Interpunktion markiert Sinnabschnitte, aber sie kann auch als Taktierung des Sprachvollzugs angesehen werden, als Zeichen von Atemeinheiten.[3] Ein Sprechtakt kann von einer Reihe von Worten oder nur von einem einzigen, dem eine nachfolgende Pause Gewicht verleiht, ausgefüllt werden.
e. Auf Singbarkeit wurde bei den Übersetzungen nicht geachtet. Ob die Texte singbar sind, steht dahin. Sollten sie es

auf jeden Fall sein? Ist einer Oration als dichter Form des Gebets im Angesichte Gottes rhetorische Sprechintensität vielleicht doch eher angemessen als eine Art Oratorien-Ton? Regeln sind zu diskutieren, ihr Ernstfall aber ist die wirkliche Übersetzung. Übersetzungen vorzulegen, zu begründen, der poetisch-theologischen Kritik wie auch dem praktischen Versuch auszusetzen, gegebenenfalls zu verwerfen und durch eine bessere Lösung zu ersetzen, scheint mir eine Arbeit zu sein, die über alle praktische Zielsetzung hinaus theologischen Erkenntnisgewinn zu erbringen vermag.

Die Textlage ist im vorliegenden Fall ein wenig anders als bei den Tagesgebeten der „Sonntage im Jahreskreis". Dort lag neben den gültigen Texten des *Deutschen Messbuchs* ein Kommissionsentwurf[4] vor, so dass zwei Bezugstexte gegeben waren, an denen sich der Kommentar und die neue Übersetzung abarbeiten konnten. Bei den Festzeiten steht als Widerlager nur die Textfassung des Messbuchs zur Verfügung.

Da die Reihe der „Sonntage im Jahreskreis" eine neue kalendarische Konstruktion ist, ergibt sich keine genaue Korrespondenz zu den früheren Sonntagen „nach Erscheinung" und „nach Pfingsten". Bei den Festzeiten lässt sich eine Synopse der liturgischen Formulare jedoch leicht erstellen. Und es zeigt sich schnell: Die Orationen des tridentinischen Missales wurden fast durchgängig durch neue Fassungen ersetzt. Das ist eine weitreichende Maßnahme der römischen Liturgieverwaltung. Motive und Tendenzen dieses Eingriffs in die Tradition näher zu untersuchen, wäre eine interessante liturgiegeschichtliche Aufgabe, die im vorliegenden Zusammenhang aber nicht zu leisten war. Wo es sich in einzelnen Fällen nahelegte, den alten und neuen Text nebeneinanderzuhalten, traten Sinnverschiebungen zutage, die frömmigkeits- und theologiegeschichtlich zum Nachdenken Anlass geben.

Bei den in diesem Band besprochenen Tagesgebeten handelt es sich wie bei den Orationen der „Sonntage im Jahreskreis" mit wenigen Ausnahmen um alte Stücke aus Sakramentaren der Übergangszeit von der Spätantike zum frühen Mittelalter. Die römische „Kongregation für den Gottesdienst" weist als Quellen vor allem das aus dem 8. Jh. stammende *Gelasianum vetus,* das etwas ältere *Leonianum* (6. Jh.), das etwas jüngere *Gregorianum* (9. Jh.) und altspanisch-mozarabische Quellen (7. Jh.) aus.[5] Die Quellen werden im Einzelnen nach den einschlägigen Ausgaben dokumentiert. Die Dokumentation ist jedoch mit einer in historisch-kritischer Sicht bemerkenswerten Vorbemerkung des französischen Bearbeiters versehen[6], die zu verstehen gibt, dass „Quellen" hier nur „im weiteren Sinn des Wortes *(pris au sens le plus large du mot)*" zu verstehen sei, der von wörtlicher Übernahme des alten Textes über allerlei Überarbeitungen und Anpassungen bis zur impliziten Zitation zum Behelfe einer Neukomposition reichen könne. Das alles habe man *„par souci de simplicité et de rapidité"*, also um die Sache in der Kürze der Zeit möglichst schnell und einfach zu erledigen, bei den Quellenangaben nicht im Einzelnen dokumentieren können; und man wird darauf verwiesen, dass man ja mit einem simplen Vergleich *(simple comparaison)* die wahre Quellenlage leicht verifizieren könne, natürlich nur, wenn man die einschlägigen historisch-kritischen Sakramentarausgaben zur Hand hat.

Die von den anonymen Autoren der heutigen lateinischen Texte unter der Hand unternommene Überarbeitung der

Tradition verdiente hinsichtlich ihrer Motive und Verfahren keine geringere kritische Aufmerksamkeit als die sich daran anschließende Übertragung vom Lateinischen in die Sprachen des Erdkreises, die mit so viel Argwohn begleitet wird. Hatte vielleicht die erste römische Übersetzerinstruktion *Comme le prévoit* von 1969, die das „Prinzip der dynamischen Äquivalenz"[7] favorisierte, die freizügige Genese dieser lateinischen Texte noch genauer im Gedächtnis als die Instruktion von 2001[8], die das gesamte Repertoire als quasi klassisch, unantastbar also, unterstellt?

Wie weit die Überarbeitung der spätantik-frühmittelalterlichen Texte bei den in diesem Band vorgestellten Tagesgebeten faktisch reicht, muss hier dahingestellt bleiben. Eine literarhistorische Untersuchung wäre nützlich, kann aber im vorliegenden Zusammenhang, von wenigen Ausnahmen abgesehen, nicht angegangen werden. Die, wie auch immer entstandenen, lateinischen Texte des Missales Pauls VI. werden als Grundlage genommen. Der Vorschuss, den die hermeneutische Bemühung ihnen gegenüber einzubringen bereit ist, bedeutet jedoch nicht Unterwerfung. Die Übersetzung und die damit verbundene analytische Arbeit ist auch eine Art Probierstein für den Gehalt des jeweils angebotenen Stücks. Die Prüfung endet nicht immer bei einem rückhaltlosen *Placet*.

Die Methode des vorliegenden Bandes folgt dem Muster seines Vorgängers. Auf den lateinischen Text folgt die deutsche Übersetzung. Der anschließende Kommentar sucht den Sinn der lateinischen Vorlage herauszuarbeiten und den eigenen Übersetzungsvorschlag in Auseinandersetzung mit schon gegebenen deutschen Fassungen zu begründen.

Die lateinischen Texte wurden entnommen aus: Der Große Sonntags-Schott, hg. von den Benediktinern der Erzabtei Beuron, Freiburg i. Br. 1975. Die in den Kommentaren mit *Deutsches Messbuch* gekennzeichneten deutschen Übersetzungen beziehen sich auf die dort abgedruckten Texte. Ältere unter *Römisches Messbuch* geführte Übersetzungen stammen aus: Das vollständige Römische Meßbuch, lat. und deutsch, hg. von A. Schott, Freiburg i. Br. 1934. Auch den vorliegenden Band kann man verstehen als eine von der neueren Übersetzungsfrage motivierte Fortschreibung von J. Pascher, Die Orationen des Missale Romanum Papst Pauls VI. 1.–3. Teil, hg. von W. Dürig, St. Ottilien 1981[9].

Anmerkungen

1 A. Stock, Orationen. Die Tagesgebete im Jahreskreis neu übersetzt und erklärt von Alex Stock, Regensburg 2011.
2 Vgl. z. B. U.M. Lang, Fremdheit und Vertrautheit der Liturgie, in: St. Wahle / H. Hoping / W. Haunerland, Römische Messe und Liturgie der Moderne, Freiburg i. Br. 2013, 442–448; W. Haunerland, Bessere Texte! Ein Plädoyer angesichts der Übersetzungen von Alex Stock, in: Wahle / Hoping / Haunerland, Römische Messe, 428–434.
3 Vgl. J. A. Jungmann, Missarum sollemnia I, Wien 1958, 484.
4 Studien und Entwürfe zur Meßfeier (Texte der Studienkommission für die Meßliturgie und das Meßbuch der Internationalen Arbeitsgemeinschaft der Liturgischen Kommissionen im deutschen Sprachgebiet 1), hg. von E. Nagel, Freiburg i. Br. 1996[2].
5 Vgl. A. Dumas, Les Sources du Missel Romain, in: Notitiae 7 (1971), 37–42; 74–77; 409f.; vgl. auch die Angaben in: J. Pascher, Die Orationen des Missale Romanum Papst Pauls VI. 1.–3. Teil., hg. von W. Dürig, St. Ottilien 1981, passim.
6 In der Einleitung zu der Reihe „Les Sources du Nouveau Missel Romain" heißt es: *„Par souci de simplicité et de rapidité, on n'a pas indiqué si la source mentionné était reproduite intégralamant dans le nouveau Missel*

ou bien – c'est le cas le plus fréquant – dans quelle mesure elle avait été restaurée ou adaptée. Parfois même, il ne s'agit que d'une source lointaine ou d'une citation implicite utilisée pour une composition nouvelle. Une simple comparaison suffira alors à mettre en lumière les différences entre le texte et sa „source", pris au sens le plus large du mot.": Dumas, Le Sources, 37.

7 Haunerland, Bessere Texte!, 429.
8 Congregatio de Cultu Divino et Disciplina Sacramentorum. Liturgiam authenticam. De usu linguarum popularium in libris liturgiae Romanae edendis. Lat.-deutsche Ausgabe in den Verlautbarungen des Apostolischen Stuhls Nr. 154, hg. vom Sekretariat der Deutschen Bischofskonferenz, Bonn 2001.
9 Vgl. auch: K. Richter, Höre unser Gebet. Betrachtungen zu den Orationen der Sonntage und Hochfeste des Herrn, Mainz 1988; Erhöre die Bitten deines Volkes. Geistliche Kommentare zu den Orationen des Meßbuchs. Für Verkündigung und Meditation, hg. von den Liturgischen Instituten Salzburg, Trier, Zürich, Freiburg/Brsg. 1978.

1. Advent

Da, quaesumus, omnipotens Deus, hanc tuis fidelibus voluntatem, ut Christo tuo venienti iustis operibus occurrentes, eius dexterae sociati, regnum mereantur possidere caeleste.

Wir bitten dich, allmächtiger Gott, gib deinen Gläubigen diesen Willen, Christus, deinem Messias, der kommt, entgegenzugehn mit Werken der Gerechtigkeit und so das Himmelreich zu erwerben, zu seiner Rechten mit ihm vereint.

In der Mitte dieser neuen Oration zum 1. Adventssonntag steht der Wille: *„da voluntatem"*. In unseren geistigen Vermögen hat das Gedächtnis *(memoria)* mit der Vergangenheit zu tun, die Erkenntnis *(intellectus)* mit der Gegenwart, der Wille ist „unser geistiges Organ für die Zukunft"[1]. Die Bitte trifft sich mit der Zeit, in der sie geäußert wird. Advent bedeutet Ankunft, einen Modus von Zukunft. Ist der Wille eines unserer geistigen Vermögen, so ist die Bitte darum freilich merkwürdig. Ist er ein anthropologisches Konstituens des Menschen, so kann man dem Schöpfer dafür danken, braucht ihn aber darum nicht eigens zu bitten. Die Voraussetzung alles Bittens ist doch, dass man etwas will und die Erfüllung dieses Wunsches erbittet.
Nun steht in der Oration auch nicht einfach *„da voluntatem"*, sondern *„da hanc voluntatem"* – „Gib diesen, diesen

besonderen Willen", der dann im Folgenden näher erläutert wird. Es ist der Wille zu Werken der Gerechtigkeit. In der Bibel wird gewöhnlich von „guten Werken", „guten Taten" *(opera bona)* gesprochen. Der erbetene Wille ist also der Wille zum Guten, zu gutem Handeln. Aber warum bittet man darum, statt sich schlicht dazu zu entschließen? Der freie Wille, das *liberum arbitrium,* ist doch gerade das Vermögen der Wahlfreiheit, an das die Zehn Gebote und jedes moralische „Du sollst" und „Du sollst nicht" appellieren und das uns verantwortlich macht für Gut und Böse. Schieben wir das Wollen des Guten auf Gott, so sind die daraus hervorgehenden Taten uns auch nicht mehr zuzurechnen.

Dass es mit dem Willen nicht so einfach ist, ist eine Entdeckung der christlichen Menschenkunde, vor allem des hl. Paulus: „Kurz, der Wille ist nicht deshalb ohnmächtig, weil ihm etwas Äußeres Hindernisse in den Weg legen würde, sondern weil der Wille sich selbst behindert."[2] Es ist ein merkwürdiger Widerwille in uns, der uns das Gute, das wir eigentlich wollen, nicht tun lässt: „Das Gute, das ich will, das tue ich nicht, sondern das Böse, das ich nicht will, das tue ich" (Röm 7,19). „Der Wille, der da gespalten ist und auf der Stelle seinen Gegenwillen hervorbringt, bedarf der Versöhnung, muss wieder eins werden."[3] Um diesen in sich einigen, gute Werke wie Früchte hervorbringenden Willen betet die Oration. Paulus nennt das „Gnade", im Gegensatz zu „Verdienst".

Die guten Werke sind in der Perspektive des Advents Geschenke, die die Gläubigen Christus, der im Kommen ist, entgegenbringen. Die hier ins Auge gefasste Bewegung des Kommens *(venienti)* und Entgegengehens *(occurrentes)* erinnert an das Gleichnis von den klugen und törichten Jungfrauen (Mt 25,1–13), das seinen Nachhall in einem bekannten Adventslied hat: „Wachet auf, ruft uns die Stimme ... ihr müsset ihm entgegengehn."

Der im Kommen ist, ist Christus. Der lateinische Text spricht von *„Christo tuo",* was wörtlich übersetzt „deinem Christus" heißt. Hinter dem gängig gewordenen Eigennamen kommt der Titel zum Vorschein: „dein Gesalbter", „dein Messias". Diese im christlichen Gebetsbrauch eher seltene Erinnerung sollte in der deutschen Übersetzung nicht übergangen werden. Unser Vorschlag macht es in Form einer Apposition: „Christus, deinem Messias, der kommt".

Der christliche Glaube bekennt Jesus von Nazaret als den gekommenen Messias: „Jesus Christus". Wenn der Gekommene als erst noch Kommender *(venienti)* angerufen wird, schafft das eigentümliche Zeitverhältnisse. Es sind die Zeitverhältnisse der Liturgie, die den linearen Verlauf der Zeit in den Jahreskreis einbiegt, in dessen zyklischem Verlauf die Christgläubigen alle Jahre wieder auch in die Zeit *ante Christum natum* geraten. Die hier erflehte Ankunft aber geschieht nicht „zu einer Stunde, wo ihr es nicht meint" (Mt 24,44), sondern im liturgischen Kalender auf den Tag terminiert. Zu Weihnachten heißt es im Präsens der liturgischen Zeit: „Heute ist euch der Heiland geboren, welcher ist Christus (Messias), der Herr."

Die kommemorative Einbiegung der Geschichte in den von der Natur vorgegebenen Kreislauf des Jahres ist aber gerade an dieser messianischen Stelle ein höchst riskanter Vorgang, weil sie zu zirkularisieren scheint, was alle Zirkel sprengt. Die messianische Ankunft war an ihrem genuinen Ort als katastrophales Ende der alten und radikale Installierung einer neuen Welt gedacht worden. Die Christenheit hat den

Messiasnamen trotz der schwierigen Parusieverzögerung festgehalten. Das begründet jene temporale Spannung, die das eigentümlich christliche Zeitverständnis ausmacht.
Es wird fassbar in der Formel vom *„adventus triplex"*: *„ad homines, in homines, contra homines"*. Das erste meint die Geburt, als Cyrenus Statthalter von Syrien war, das dritte die endzeitliche Wiederkunft zum Gericht, in der sich endlich doch erfüllt, was jüdisch-messianische Erwartung bestimmt, eine allseitige Neueinrichtung der Welt. Das spezifisch Christliche der festgehaltenen eschatologischen Erwartung liegt in der Behauptung, dass niemand anders es ist, der kommt, als der, der schon gekommen ist, dass, so ungewiss die Zeit des Gerichts ist, gewiss ist, wer der Richter ist und wonach er richten wird, dass ein Messias von ganz anderer Art als der schon gekommene Jesus von Nazaret nicht anzunehmen und daher allen derartigen Ansprüchen zu misstrauen und zu widersprechen ist. Der mittlere *„adventus in homines"* aber meint die Ankunft des schon Gekommenen und endzeitlich Kommenden in der Gegenwart, die Ankunft des Retters als Ereignis *„in mente"*, den *„adventus Domini"* im Innenraum des Einzelnen. Der *memoria* des Einzelnen wird in der jährlichen Liturgie der gemeinschaftliche Raum bereitet.
Durch die Ankunft des Messias im Fleische, an die man ein paar Wochen vor Weihnachten zuerst denkt, geht der Blick der Oration hindurch auf das Ende der Zeit. Die Rede vom Erwerben des Himmelreichs, zu seiner Rechten mit ihm vereint, erinnert an die Szene des Endgerichts, wie sie dann im weiteren Verlauf des 25. Kapitels des Matthäusevangeliums vor Augen gestellt wird: „Dann wird der König denen zu seiner Rechten sagen: Kommet her, ihr Gesegneten meines Vaters, erbet das

Reich, das euch von Grundlegung der Welt an bereitet ist. Denn …" (Mt 25,31–46). Die zum Gottesdienst am 1. Advent versammelt sind, beten letztlich darum, dass sie mit ihrem Leben im Endgericht bestehen können. Diese eschatologische Perspektive entspricht dem Tenor der in den drei Lesejahren vorgesehenen Evangelien, während die Sache mit den „guten Werken" im Gegensatz zu den „Werken der Finsternis" in den paulinischen Lesungen weiter verhandelt wird.

Die im gegenwärtigen Messbuch vorgesehene Übersetzung greift alle Motive des lateinischen Textes auf, füllt das Volumen der Vorlage an und gibt ihr so eine gemächlichere Gangart: „Herr, unser Gott, alles steht in deiner Macht; du schenkst das Wollen und das Vollbringen. Hilf uns, dass wir auf dem Weg der Gerechtigkeit Christus entgegengehen und uns durch Taten der Liebe auf seine Ankunft vorbereiten, damit wir den Platz zu seiner Rechten erhalten, wenn er wiederkommt in Herrlichkeit." Die Fassung löst das *„omnipotens"* in einen selbstständigen Satz auf („alles steht in deiner Macht"), um das „alles" dann im Anschluss an Phil 2,13 als „Wollen und Vollbringen" auszulegen. Die vom lateinischen Text vorgegebene Konzentration auf den Willen ist damit aufgegeben. „Taten der Liebe" klingt weicher als das wörtliche „Werke der Gerechtigkeit". Christus ist Christus.

Anmerkungen

1   H. Ahrendt, Vom Leben des Geistes. Das Wollen, München 1978, 16.
2   Ebd. 69.
3   Ebd. 68.

2. ADVENT

Omnipotens et misericors Deus, in tui occursum Filii festinantes nulla opera terreni actus impediant, sed sapientiae caelestis eruditio nos faciat eius esse consortes.

Allmächtiger und barmherziger Gott, irdisches Treiben hindre uns nicht, deinem Sohn, der kommt, entgegenzugehn. Weisheit vom Himmel lehre uns, mit ihm zusammen zu sein.

Der Advent wird auch am zweiten Sonntag als *occursus* betrachtet, als Entgegenkommen, als Bewegung also, auf die wir mit Bewegung *(festinantes)* reagieren sollen, als wäre jeder Advent in liturgischer Imagination eine Wiederholung jener Urbewegung, in der Gott aus sich herausgeht und in seinem Sohn auf uns zukommt, sich uns nähert und uns bewegt, uns selbst aufzumachen und ihm entgegenzueilen, dass in dieser wechselseitigen Bewegung Gott und die Menschen wieder zusammenkommen, als würden sie sich immer wieder voneinander entfernen, aus den Augen verlieren.

Das Ziel der vom Laufen bestimmten Oration ist das *„esse consortes"*, ein Zusammenkommen, Sich-Vereinigen und -Verbünden. Warum bleibt das nicht ein für alle Mal so oder geschieht ganz von selbst? Es sind, wie die Oration meint, die *multa opera terreni actus*, die einen abbringen, hindern *(impediant)*, also allerhand irdisches Treiben und Werkeln, das uns ablenkt, der ganze Betrieb, gerade jetzt. Aufgeboten gegen dieses Getriebenwerden und Sich-treiben-Lassen wird die *eruditio sapientiae caelestis*, nicht irdisches Kalkül, sondern Bildung *(eruditio)*, Klugheit, die aus Weisheit vom Himmel stammt. Das hat der Beter nicht einfach, sondern erbittet es sich.

Sapientia ist ein Motiv, das im Schlussgebet des 2. Adventssonntags noch einmal aufgegriffen wird, wenn darum gebetet wird, dass Gott uns durch die Feier des Mysteriums lehren möge, „die irdischen Dinge weise abzuwägen und den himmlischen anzuhangen *(terrena sapienter perpendere, et caelestibus inhaerere)*". Im Lesejahr A nennt die alttestamentliche Lesung (Jes 11,1–10) unter den Geistesgaben, die dem messianischen König zugesagt werden, als erste „den Geist der Weisheit und der Einsicht *(spiritum sapientiae et intellectus)*".

Am hörbarsten ist im Gefüge des Advents die Assonanz zu den sogenannten O-Antiphonen, die im kirchlichen Stundengebet in der unmittelbaren Vorbereitung auf Weihnachten angestimmt werden: „*O Sapientia …* " – „O Weisheit, die du aus dem Mund des Höchsten hervorgegangen bist, reichend von einem Ende zum andern, in Kraft und Liebreiz alles ordnend: Komm, uns den Weg der Klugheit zu lehren!" Mit dem alten Topos vom „Weg der Klugheit" (vgl. Spr 8,32) versetzt der Text den, der ihn übernimmt, in den Status des *homo viator*, der seines Weges nicht gewiss ist, sondern der Lehre, der Wegweisung also, bedarf. Aus solcher Lage ruft die Antiphon die „Weisheit" an: „Komm, uns zu lehren!" Die Idee von einer Weisheit in Person, der Weisheit, die mehr ist als eine Sammlung von Lebensregeln und Naturgesetzen, die eine Stimme ist, die ruft – diese Idee hat ihren biblischen Anhalt in Stücken der alttestamentlichen Weisheitsliteratur (Ijob 28; Spr 8; Sir 24; Weish 6–8). Gedacht ist an eine „Weisheit", die das All in seiner ganzen Spannweite von Raum und Zeit umfasst, kraftvoll und mit schöpferischer Energie *(„fortiter")*, zugleich ohne Gewaltsamkeit, liebreich und allen Sinnen ein Wohlgefallen *(„suaviter"),* den „Bau der Welt" *(„dispositio orbis terrarum",* Weish 7,17) ordnet.

Diese „Weisheit", deren Gestalt die 1. Adventsantiphon mit wenigen Zitaten herbeiruft, soll kommen, den „Weg der Klugheit" zu lehren, der offenbar jener Weg ist, in dem der Mensch umsichtig und weitsichtig sein Denken und Verhalten auf die Disposition des Alls einrichtet, jene kosmische Weite des Blicks und den offenen Sinn für die schöne Ordnung der Welt erlangt, die ihm den richtigen Lebensweg zeigen. Ein Adventslied hat diese O-Antiphonen volkstümlich singbar gemacht: „O Weisheit aus des Höchsten Mund, / die du umspannst des Weltalls Rund / und alles lenkst mit Kraft und Gnad, / komm, lehr uns deiner Klugheit Pfad." Diese Liedstrophe könnte man nach Art der mittelalterlichen Tropen als Aussingen des in der Oration angeschlagenen Motivs verstehen. Aber auch die „klugen Jungfrauen", die dem Herrn entgegeneilen, sind nicht zu vergessen.

Natürlich kann man das alles auch in der etwas gemächlicheren Gangart des *Deutschen Messbuchs* beten: „Allmächtiger und barmherziger Gott, deine Weisheit allein zeigt uns den rechten Weg. Laß nicht zu, dass irdische Aufgaben und Sorgen uns hindern, deinem Sohn entgegenzugehen. Führe uns durch das Wort deiner Gnade zur Gemeinschaft mit ihm." Der Gegensatz von *terreni actus* und *sapientia caelestis* wird nicht mehr betont. „Deine Weisheit" und „das Wort" heißt es statt „himmlische Weisheit", und wenn man *„terreni actus"* als „irdische Aufgaben und Sorgen" versteht, so klingt das verständlicher und verzeihlicher als „irdisches Treiben", an dem man sich aktiv beteiligt.

3. Advent

Deus, qui conspicis populum tuum nativitatis dominicae festivitatem fideliter exspectare, praesta, quaesumus, ut valeamus ad tantae salutis gaudia pervenire, et ea votis sollemnibus alacri semper laetitia celebrare.

Du siehst, Gott, wie dein Volk vertrauensvoll Ausschau hält nach dem Fest der Geburt des Herrn. Gib, dass es uns gelingt, zur Freude so großen Heils durchzukommen, sie mit festlicher Hingabe zu begehn und mit lebhafter Fröhlichkeit.

Die Oration richtet den Advent ganz auf das Geburtsfest Christi aus. Das Volk, das sich hier versammelt, ist gläubiges Volk in dem Sinne, dass es im Vollzug und Fortgang des Advents und seiner Liturgien wie alle Jahre wieder vertrauensvoll auf Weihnachten zugeht und das kommende Fest im Blick hat. Gott, der Allsehende, sieht das auch, die gläubige und vertrauensvolle Übung seiner Leute auf Erden, und wird daran erinnert, dass er es doch sieht *(qui conspicis)*. Das ist es, was geschieht, wenn die Christen sich zum Gottesdienst im Advent versammeln.
Worin sie sich, nach Auskunft der Oration, nicht sicher sind, dass das mit Weihnachten, der Geburt Christi, offiziellem Bekenntnis zufolge verbundene große Heil sie auch emotio-

nal erreicht, sie erfreut und beglückt, dass sie dahin durchzukommen vermögen *(valeamus pervenire)*. Das *pervenire* der lateinischen Vorlage wörtlich mit „durchkommen" zu übersetzen, ist sicher liturgiesprachlich unüblich, trifft aber vielleicht doch die vorweihnachtliche Seelenlage insofern, als es da in der Tat oft schwer ein Durchkommen gibt und die Gläubigen doch hoffen, dass es gelingen möge. Weihnachten mit seinen großen Erwartungen und Verheißungen ist ein emotional schwieriges Fest. Darum bemühen die Gläubigen ja Gott auch, weil sie ihrer Gefühle nicht Herr sind und Weihnachtsfreude selbst nicht einfach befehlen und beschaffen können. So bitten sie um inneres Heilsglück, das sich auch in festlicher Begehung *(votis sollemnibus)* und lebhafter Anteilnahme *(alacri laetitia)* manifestiert, so dass man von Herzen mitsingen kann: „O du fröhliche, o du selige, gnadenbringende Weihnachtszeit". Das von der Oration angeschlagene Motiv der *gaudia* passt ins Gefüge des Sonntags, der nach seinem Introitusvers *„Gaudete"* genannt wird und dieses Thema auch in den einschlägigen Lesungen und Zwischengesängen aufgreift.

Die im *Deutschen Messbuch* vorgesehene Übersetzung lautet: „Allmächtiger Gott, sieh gütig auf dein Volk, das mit gläubigem Verlangen das Fest der Geburt erwartet. Mache unser Herz bereit für das Geschenk der Erlösung, damit Weihnachten für uns alle ein Tag der Freude und der Zuversicht werde." Der prädikative Indikativ „*conspicis …*" ist hier in die Bitte hineingezogen. Die in der lateinischen Oration Gott ans Herz gelegte Emotionsproblematik wird etwas frommer gewendet als nötig.

4. Advent

Gratiam tuam, quaesumus, Domine, mentibus nostris infunde, ut qui, angelo nuntiante, Christi Filii tui incarnationem cognovimus, per passionem eius et crucem ad resurrectionis gloriam perducamur.

Wir bitten dich, o Herr, gieße deine Gnade in unsere Herzen ein; durch die Botschaft des Engels haben wir die Menschwerdung Christi, deines Sohnes, erkannt, führe uns durch sein Leiden und Kreuz zur glorreichen Auferstehung.

Die hier im Missale Pauls VI. neu aufgenommene Oration stand vorher (seit dem 9. Jh.) als Postcommunio im Formular des Festes Mariä Verkündigung am 25. März und ist darüber hinaus vor allem als Schlussoration des „Engel des Herrn" in den volkstümlichen Gebetsschatz eingegangen. Sie am 4. Adventssonntag als Tagesgebet vorzusehen, ist wohl dadurch motiviert gewesen, dass die Evangelien an diesem Sonntag die Rolle Marias im Vorfeld der Geburt hervorkehren, im Lesejahr B eben die Verkündigung. Nachteil dieser Wahl ist, dass dieses Gebet keinen besonderen adventlichen Charakter hat und das Bewegungsmoment der vorangehenden Sonntage nicht aufgreift.

Es sei deshalb an dieser Stelle an die Vorgänger-Oration erinnert, die in ihrem Initium einen Ton anschlägt, der vordem für die Adventsliturgie besonders typisch war: *„Excita …"* So begannen die Tagesgebete des 1., 2. und 4. Adventssonntags. Es gibt diese Orationen noch, aber an den Werktagen der Adventszeit sind sie heute dem Ohr des gemeinen Kirchenvolkes zumeist entzogen. Nicht nur der alten Tradition, sondern auch ihres theologischen Gewichts wegen verdienen sie es, nicht vergessen zu werden.

Die einstmalige *„Excita"*-Oration des 4. Adventssonntags lautet: *„Excita, quaesumus, Domine, potentiam tuam, et veni: et magna nobis virtute succurre; ut per auxilium gratiae tuae, quod nostra peccata praepediunt, indulgentia tuae propitiationis acceleret."* – „Biete deine Macht auf, o Herr, und komm, wir bitten dich; eile uns zu Hilfe mit starker Macht, damit dein verzeihendes Erbarmen durch den Beistand deiner Gnade das Heil beschleunige, das unsre Sünden noch aufhalten."

Die hier aufgenommene, sehr genaue Übersetzung des alten *Römischen Messbuchs* hat in das Textgefüge ein Wort eingefügt, das der lateinische Text nicht ausdrücklich enthält: „Heil". Die lateinische Fassung spricht nur davon, dass da etwas ist, was festhängt, nicht vorankommt. Das Hemmnis, das die Sache verzögert, sind „unsre Sünden" *(nostra peccata)*. Man könnte sagen: Nun leg die Fesseln ab, dann kannst du frei laufen! Aber die Oration findet, dass man an diese hinderlichen Fußfesseln *(praepediunt* heißt wörtlich „was vor den Füßen liegt") nicht so leicht herankommt, ja, dass es außerordentlich schwer ist, sich davon zu befreien. Darum bittet sie, wie man in Israel nur gebetet hat, wenn man sich in äußerster Feindesnot befand: „Biete deine Macht auf, o Herr, und komm ..." Es geht um ein hilfreiches Entgegenkommen *(auxilium gratiae)*, das wieder in Bewegung bringt, um Zuneigung *(propitiatio)*, die uns von den Fesseln der Vergangenheit befreit, um Verzeihung *(indulgentia)*. „Das Heilmittel gegen Unwiderruflichkeit – dagegen, daß man Getanes nicht rückgängig machen kann, obwohl man nicht wußte, und nicht wissen konnte, was man tat – liegt in der menschlichen Fähigkeit, zu verzeihen."[1] Was H. Ahrendt in diesem Satz als für das politische Leben elementare menschliche Fähigkeit herausstellt, ist für die Oration zuallererst eine Sache der *potentia Dei*. Dazu muss Gott aus seinem ohnmächtigen Stillehalten herauskommen: *„Excita potentiam tuam"*. Erfüllt sich dieser dringende Weihnachtswunsch der Gläubigen, so hören sie, selber singend: „Menschen, die ihr wart verloren, / lebet auf, erfreuet euch." Und: „Das Kindlein liegt in einem Stall / und will die Welt erlösen all." Wie dringend diese Sache der „Excitation" der alten Adventsliturgie erschienen ist, zeigt sich eben daran, dass an gleich drei Sonntagen die Oration so einsetzte. Das Tagesgebet des 1. Adventssonntags, das heute für den Freitag der 1. Adventswoche vorgesehen ist, formuliert das Anliegen ähnlich wie die besprochene Oration des 4. Sonntags. Sie lautet: *„Excita, quaesumus, Domine, potentiam tuam et veni: ut ab imminentibus peccatorum nostrorum periculis, te mereamur protegente eripi, te liberante salvari"*, was man mit dem alten *Römischen Messbuch* übersetzen kann: „Biete deine Macht auf, o Herr, und komm, wir bitten dich; dann werden wir aus den Gefahren, die wegen unserer Sünden uns drohen, durch deinen Schutz entrissen und durch deine Erlösungstat errettet."

Das „*Excita*" des 2. Adventssonntags – dieses Tagesgebet steht im heutigen Missale am Donnerstag der 2. Adventswoche – ist auch an Gott gerichtet, aber was da aus dem Schlaf der Untätigkeit geweckt werden soll, ist nicht seine Macht, sondern unsere Herzen: *„Excita, Domine, corda nostra ad praeparandas Unigeniti tui vias: ut, per eius adventum, purificatis tibi mentibus servire mereamur."* – „Rüttle auf, o Herr, unsre Herzen, auf dass wir deinem Eingeborenen die Wege bereiten und dir zu dienen vermögen mit reinem Herzen, geläutert durch die Ankunft dessen, der mit dir lebt ..." Wieder ist es kein Appell, sich nun endlich aufzuraffen, nicht einmal der aus dem Evangelium des Sonntags herauszuhörende Aufruf des Täufers, „dem Herrn die Wege zu bereiten", sondern nur der dringende Wunsch, Gott der Herr möge mit seiner Schöpferkraft unsere Herzen aufrütteln, dass wir dem bevorstehenden Einzug *(adventus)* seines eingeborenen Sohnes nichts mehr in den Weg legen. Der Effekt dieses Advents wird auf ungewöhnliche Weise beschrieben. Es ist Befähigung zum wahren Gottesdienst: *„tibi servire mereamur"*, und zwar *„purificatis mentibus"*, mit reinem, gereinigtem Geist, mental geläutert. Worin die Seele festsitzt und woraus sie erlöst zu werden begehrt, ist im Vorstellungsraum dieser Oration ihre Unreinheit, Unlauterkeit, Unklarheit, Trübsinn und Verschwommenheit. Was ersehnt wird, ist die Reinheit des Herzens, der im Evangelium versprochen wird, dass sie Gott schauen werde.

Anmerkung

1   H. Ahrendt, Vita activa oder Vom tätigen Leben, München 1981, 231.

Weihnachten – In der Nacht

Deus, qui hanc sacratissimam noctem veri luminis fecisti illustratione clarescere, da quaesumus, ut, cuius in terra mysteria lucis agnovimus, eius quoque gaudiis perfruamur in caelo.

Gott, du hast diese hochheilige Nacht durch den Aufgang des wahren Lichtes taghell gemacht; so lass uns, wir bitten dich, auch im Himmel das Glück jenes Lichtes kosten, dessen Geheimnisse wir hier auf Erden erkannt haben.

Als auffälligste Besonderheit sieht die römische Weihnachtsliturgie die Feier von drei Messen vor, in der Nacht, am Morgen und am Tage. Der in der stadtrömischen Papstliturgie des 4.–6. Jh. entstandene Brauch wurde seit dem 8. Jh. außerhalb Roms im gallisch-fränkischen Raum übernommen, im tridentinischen Missale (1570) gesamtkirchlich vorgeschrieben und auch im neuen Missale (ungeachtet zumindest denkbarer pastoraler Realisationsprobleme) beibehalten. „Für den Genius der Römischen Liturgie sind besonders die Orationen einflußreich. Gestützt auf die Ergebnisse der Sakramentarforschung läßt sich feststellen, daß nahezu sämtliche Stücke der vier Orationsreihen der Weihnachtsvigil und der drei Weihnachtsmessen den ältesten Sammlungen römischen Formelguts entnommen sind."[1]

Die Oration der Nachtmesse, das nach den Einleitungsgesängen erste Gebet der Weihnachtsliturgie, fasst nicht das Kind in der Krippe, sondern das Licht in der Nacht ins Auge. Wenn der Raum dieser Nachtfeier im Lichtglanz erstrahlt, so ist solche irdische Beleuchtung nur der liturgische Reflex dessen, wodurch Gott diese Nacht geheiligt hat. Dabei denkt man zuerst an die „Herrlichkeit des Herrn", die die Nachtwache haltenden Hirten beim Auftritt des Engels umstrahlt. Die Botschaft von der Geburt des Retters kommt aus der Mitte einer blitzartigen Theophanie *(kabôd, doxa)*, „und sie fürchteten sich sehr" (Lk 2,9).

Der Lichtbogen, den die Oration hier gleich zu Beginn zum Evangelium der Messe schlägt, bezieht auch die alttestamentliche Lesung (Jes 9,1–3.5–6) mit ein: „Das Volk, das im Dunkeln wandelt, sieht ein großes Licht. Die im Lande des Todesschattens wohnen, Licht erstrahlt über ihnen" (Jes 9,2). Das hier dem Volk aufstrahlende Licht meint, anders als bei den Hirten auf dem Feld, nicht die theophane Situation, in der die Botschaft ergeht, sondern deren Inhalt. In einer aussichtslosen Finsternis politischer Gewaltherrschaft und Unterdrückung zeichnet sich eine überraschende Befreiung ab. Das ist das Licht. Es bedeutet: endlich Frieden, Recht und Gerechtigkeit im Land. Der Durchbruch des Lichts hängt an der Geburt eines Kindes, das der Befreier-Herrscher auf dem Thron Davids sein wird: „Ein Kind ist uns geboren, ein Sohn ist uns geschenkt. Auf seinen Schultern ruht die Herrschaft" (Jes 9,6). Die Zeitperspektive eines nicht mehr endenden Friedensreiches gibt dem Spruch einen messianischen Ton; in diesem Sinne baut ihn die christliche Weihnachtsliturgie in ihr Gefüge ein: In der Stadt Davids, die

Betlehem heißt, ist der Retter geboren. Auch wenn die Redaktoren der neuen Liturgie bei der Jesaja-Lektüre den militärischen Vers 4 („Denn jeder Stiefel, der da dröhnend einherstiefelt, jeder Mantel, im Blut geschleift – sie werden verbrannt, ein Fraß des Feuers") der weihnachtlichen Gemeinde ersparen wollten, sind die politischen Konnotationen der Lesung damit nicht vollends getilgt. Sie bezeugen jenen Begriff von Erlösung, den G. Scholem als für den jüdischen Messianismus charakteristisch beschrieben hat, „der sie als einen Vorgang auffaßte, welcher sich in der Öffentlichkeit vollzieht, auf dem Schauplatz der Geschichte und im Medium der Gemeinschaft, kurz, der sich entscheidend in der Welt des Sichtbaren vollzieht und ohne solche Erscheinung im Sichtbaren nicht gedacht werden kann"[2].

Im Konnex mit der Jesaja-Lesung treten auch in der lukanischen Geburtsgeschichte die politischen Implikationen deutlicher heraus. Die vom Kaiser Augustus angeordnete „Aufzeichnung" ist nicht bloß der äußere Anlass einer beschwerlichen Familiengeschichte, mit ihrer Erwähnung wird ein politisches Feld eröffnet. Anders als die politische Theologie Roms sieht die Geburtsgeschichte Jesu den Kaiser nicht als den die *pax Romana* der *oikumenê* wohltätig wahrenden *Divus Augustus*, sondern als Fremdherrscher, der mit seiner Anordnung der „Aufzeichnung" zum Zwecke der Steuererhebung Unterdrückung des jüdischen Volkes betreibt. In diese Rebellion provozierende Weltlage hinein wird in der Stadt Davids ein Kind geboren, dem nicht nur der Messiastitel („Christus"), sondern auch die kaiserlich reklamierten Titel *kyrios* und *sôtêr* zugesprochen werden und himmlische Heerscharen vom „Frieden auf Erden" für Menschen nach

Gottes und nicht des Kaisers Wohlgefallen singen. Was diese Friedensalternative des Christus im Unterschied zur *pax Romana* bedeutet, kann nur das ganze Evangelium erzählen; dass sie, wie immer vermittelt, mit ihr politisch in Konflikt kommen konnte, zeigt das Ende Jesu. Vom alttestamentlichen Vorlauf Jes 9 her leuchtet das Licht auch in der Geburtsgeschichte Jesu nicht nur als theophanes, sondern auch als messianisches, als „Freude, die allem Volke widerfahren wird" (Lk 2,10; vgl. Jes 9,3).

Als die römische Christengemeinde im 4.–6. Jh. ihre Weihnachtsliturgie entwarf, musste sie nicht aus einer Situation politischer Unterdrückung nach einem messianischen Licht Ausschau halten; sie bewahrte die alten Lesungen, ohne ihre politische Brisanz aktualisieren zu können oder zu müssen. Sie war *in possessione*. Das Licht, das der ersten Oration nach die Nacht erhellen soll, ist das *verum lumen*, von dem der Johannesprolog spricht (Joh 1,9), der Logos, der als das wahre Licht in die Welt kam, aber die Welt erkannte ihn nicht (Joh 1,10). Zu dieser für das Gotteslicht unempfänglichen Welt gehören aber nicht mehr, die sich hier in der Weihnachtsnacht versammeln *(„in terra mysteria lucis agnovimus")*. Sie haben auf Erden das Mysterium des Lichtes in seinem Wesen erkannt, anerkannt und aufgenommen, aber – und das ist die Grenze, an der dieses römische Bittgebet die Hände erhebt – es ist nur das Mysterium des Lichts, das in das liturgische Licht dieser Nacht, in irdisches Wort und Sakrament eingeschlossen geglaubte Licht, nicht schon das Glück eines ganz vom Licht erfüllten Daseins. *„Eius quoque gaudiis perfruamur in caelo"* – erst das wäre die reale Einlösung der Verheißung des wahren Lichtes *(veri luminis)*.

Die messianische Erwartung hat sich verlagert, aber nicht geradewegs in die Richtung der „Interiorisation"[3], der mystischen Verinnerlichung, die G. Scholem als typisch christliche Mutation der messianischen Idee unterstellt. Es ist vielmehr eine Verlagerung in jene Richtung, die der Religionskritik der neueren Zeit von Marx und Heine bis Nietzsche besonders dubios erschienen ist – zum Himmel. Der Himmel ist in jener römischen Oration der Raum, in dem man das wahre Licht, und das heißt auch das Licht der Wahrheit, voll genießen kann. Warum sollte der Wunsch, dorthin zu gelangen, wenn es denn möglich wäre, verdächtig sein? Er wird es freilich, wenn unter seinem Vorwand die Leiden der von Gewaltherrschaft unterdrückten Menschen von eben den Unterdrückern und ihren pfäffischen Advokaten als unabänderlich zu ertragen verklärt werden. Wie aber sollte solcher religiös getarnter Zynismus je eine Freude sein oder werden, „die allem Volke widerfahren wird"?

Unsere Übersetzung folgt der des alten *Römischen Messbuchs*, hat nur die dort als Übersetzung von *„gaudiis"* vorgesehenen „Wonnen" etwas auf „Glück" zurückgenommen. Sie scheint der Logik und Euphorie des Lichtes in der lateinischen Vorlage etwas näher als die im heutigen *Deutschen Messbuch* vorgesehene Übersetzung, die lautet: „Herr, unser Gott, in dieser hochheiligen Nacht ist uns das wahre Licht aufgestrahlt. Lass uns dieses Geheimnis im Glauben erfassen und bewahren, bis wir im Himmel den unverhüllten Glanz deiner Herrlichkeit schauen."

Was in der aus spätantiker Zeit stammenden lateinischen Oration weihnachtsliturgische Erfahrung und Einsicht ist *(agnovimus)*, wird in dieser Übersetzung zu einem Gegenstand der Bitte um Glauben daran. Der Himmel erscheint nun als äußerster Horizont dieser Glaubenszeit („bis wir im Himmel ... schauen"), nicht als das vollendete Glück *(„gaudiis perfruamur")* dessen, was man als Lichtmysterium dieser heiligen Nacht schon eingesehen hat.

Anmerkungen

1 A. Heinz, Weihnachtsfrömmigkeit in der römischen Liturgie und im deutschen Kirchenlied, in: LJ 30 (1980), 215–229, 216; zur Geschichte des Orationengebrauchs vgl. R. Kaczynski, Die Amtsgebete des Priesters im Advent und in der Weihnachtszeit. Ein Vergleich der Texte vor und nach 1970 im Missale Romanum, in: LJ 28 (1978), 65–85.
2 G. Scholem, Zum Verständnis der messianischen Idee im Judentum, in: Ders., Über einige Grundbegriffe des Judentums, Frankfurt/M. 1970, 121–167, 121.
3 Ebd. 141.

Weihnachten – Am Morgen

Da, quaesumus, omnipotens Deus, ut dum nova incarnati Verbi tui luce perfundimur, hoc in nostro resplendeat opere, quod per fidem fulget in mente.

Allmächtiger Gott, durchflutet vom neuen Lichte deines menschgewordenen Wortes bitten wir: Lass in unsren Werken widerstrahlen, was durch den Glauben in der Seele leuchtet.

Die Messe am Morgen, die gleich mit einer Variation von Jes 9,1.5 als Introitusvers einsetzt, nimmt im anschließenden Tagesgebet das Lichtthema wieder auf, um ihm einen neuen Akzent zu geben. *In Aurora*, bei der Morgenröte schlägt die Oration einen noch enthusiastischeren Ton an als in der Nacht: *„dum nova luce perfundimur"* – „durchflutet vom neuen Lichte". Dieses *„perfundimur"* ist aber nicht mit dem erst himmlischen *„perfruamur"* der Nachtoration zu verwechseln. Es will nur sagen, dass das neue Licht des fleischgewordenen Wortes kein im Innern des Menschen versickerndes Lichtrinnsal ist, sondern strömendes Licht. Es ist Licht, das im Medium des Glaubens im menschlichen Geist leuchtet *(„per fidem fulget in mente")*, nicht um sich in solcher Innerlichkeit zu stauen, sondern um überzufließen ins äußere Handeln. *„In nostro resplendeat opere":* Das Werk, in dem wir uns in die

Welt hinein äußern, möge eine Ausstrahlung des inneren Lichtes sein. Um diesen Übergang des Lichtes von innen nach außen betet die Oration in der Morgenfrühe.

Es geht um Lichtübertragung, um den Transport des göttlichen Urlichts in die Welt. Das ungeschaffene, allem Geschaffenen zugrunde liegende Licht verkörpert sich in dem Wort, das Fleisch ward. Die Aufnahme dieses Lichts im Glauben schafft geistiges Licht im Innern des Menschen, das sich seinerseits wieder inkarnieren soll im äußeren Werk, in dem das Licht sich verkörpert und hineinstrahlt in die Welt. Das Licht-Werke-Ethos der matthäischen Bergpredigt („Ihr seid das Licht der Welt […] So soll euer Licht vor den Menschen leuchten, damit sie eure guten Werke sehen und euren Vater preisen, der im Himmel ist", Mt 5,14–16) ist hier in einen inkarnatorischen Wirkzusammenhang übertragen. Auch die Lesung der Morgenmesse aus dem Titusbrief bleibt beim Thema der Werke und ihrer vorgängigen Gründung in der erschienenen Güte und Menschenfreundlichkeit Gottes. Bei Tagesanbruch steht nicht mehr, wie in der Nacht, die Transzendenz in den himmlischen Lichtraum, sondern die Deszendenz des himmlischen Lichts in die Welt vor Augen. Der Lichtmetaphysik folgt die Ethik des Lichts.

Unsere Übersetzung ist auch hier der des alten *Römischen Messbuchs* gefolgt, weil sie näher an der Dichte und Atmosphäre der lateinischen Fassung liegt als die neue, die lautet: „Allmächtiger Gott, dein ewiges Wort ist Fleisch geworden, um uns mit dem Glanz deines Lichtes zu erfüllen. Gib, dass in unseren Werken widerstrahlt, was durch den Glauben in unseren Herzen leuchtet." Was im lateinischen Text als Wirklichkeit angesehen ist *(perfundimur)*, setzt die deutsche Übersetzung zurück in den Status der Absicht der Menschwerdung; der Überschwang des Durchströmtseins ist in ein einfacheres „erfüllt" zurückgenommen. Das *„in mente"* wird hier mit „in unseren Herzen" übersetzt, die frühere Fassung hat „in der Seele"; wörtlich müsste es heißen „im Geiste", was als Gegenpol zu *„in opere"* das weihnachtlich aufgeklärte Innere der Menschen meint und etwas weniger gefühlig klingt als Herz und Seele.

Weihnachten – Am Tag

Deus, qui humanae substantiae dignitatem et mirabiliter condidisti, et mirabilius reformasti, da, quaesumus, nobis eius divinitatis esse consortes, qui humanitatis nostrae fieri dignatus est particeps.

Gott, du hast den Menschen in seiner Würde wunderbar erschaffen und noch wunderbarer erneuert. Lass uns, wir bitten dich, teilnehmen an der Gottheit dessen, der unsere Menschennatur annehmen wollte.

Das Evangelium der 3. Messe, am Tag, ist der Johannesprolog. Sein *„et verbum caro factum est"* (Joh 1,14) hat im christlichen Sonderlatein der späteren Zeit den Ausdruck *„incarnatus est"* hervorgebracht. Er steht an entscheidender Stelle des für die patristische Christologie so zentralen nizänischen Credos: *„et incarnatus est de Spiritu sancto ex Maria Virgine et homo factus est"*. In der Weiterführung des *„incarnatus est"* zum *„homo factus est"* zeichnet sich die Thematik der altkirchlichen Christologie ab. Sie bildet den Sprachuntergrund der Oration der 3. Weihnachtsmesse.

Es geht um die *humana substantia*, die menschliche Natur, das Wesen des Menschen, die *humanitas*, das Menschsein. Was als ontologische Frage nach den Konstitutiva der menschlichen Natur und ihrer Einheit mit der göttlichen in der Zweinaturenlehre die griechische Theologie vor allem umtreibt, erhält in dieser Oration einen spezifisch römischen Akzent, der im Stichwort *dignitas* liegt, das als Verbform *("dignatus est")* am Schluss der Oration noch einmal anklingt. Beim Wesen des Menschen geht es um seine Würde. Das Wesen des Menschen ist nicht eine pure Naturgegebenheit, es ist etwas, was erst in der freien Achtung, die es für sich hat und die man ihm entgegenbringt, zur Geltung kommt; ihr Gegenteil ist die Verachtung. Nicht die Ausstattung mit bestimmten körperlichen oder geistigen Eigenschaften, sondern die Dignität, die zu achtende Menschenwürde, ist die eigentliche Absicht seiner Schöpfung.

Der zweite Halbsatz der Oration spricht davon, dass die menschliche Würde wunderbarer noch, als sie ursprünglich geschaffen war, neu gestaltet wurde *("mirabilius reformasti")*. Das setzt eine geschichtliche Deformation der *„dignitas humanae substantiae"* voraus, die hier aber nicht näher ausgemalt wird, weil die Aufmerksamkeit ganz der neuen Form gilt. Davon ist im zweiten Teil der Oration die Rede. Es ist ein in Gott selbst entsprungener freier Entschluss, Teilhaber der Menschennatur und ihrer Würde zu werden. Das achtete Gottes Sohn für nicht zu gering, mit den Menschen, die er geschaffen hatte, selbst ein Mensch zu sein (Phil 2,6 f.). Weil der Eintritt in die *humanitas* nicht den Verlust der *divinitas* bedeutete, bildet sich an diesem einen neuen Menschen die Erwartung seiner nunmehrigen Seinsgenossen, auch an dieser göttlichen Natur Anteil zu erhalten. Von *consortes* ist die Rede, das sind Genossen, Teilhaber eines gemeinsamen Vermögens. Der volle Genuss des ewigen Lichts, von dem die Oration in der Nacht spricht, wird in der des Tages als „Konsortium" gesehen, in dem die Menschen, durch den Gottmenschen vermittelt, freie Gesellschafter am Unternehmen und Vermögen der göttlichen Natur geworden sind. Die messianische Aussicht dieser römischen Oration geht über das, was sich das Imperium von der Reichskirche als ökumenischen Friedensdienst erwartete, um eben die Differenz von Erde und Himmel hinaus.

Mit dem metaphysischen, dem ethischen und schließlich dem ökonomischen Aspekt, der in den drei Orationen zutage tritt, ist der Vorstellungsraum, in dem sich die römische Weihnachtsliturgie bewegt, auf prägnante Weise abgesteckt. Das Tagesgebet der 3. Weihnachtsmesse ist an dieser Stelle neu. Der Text ist alt. Bekannt war er als Begleitgebet zur „Vermischung des Weines mit Wasser" im früheren Ritus der Gabenbereitung. Dort hat er seinen Platz verloren, dafür in der Weihnachtsliturgie einen neuen, passenden gefunden.

2. Weihnachtstag (Hl. Stephanus)

Da nobis, quaesumus, Domine, imitari, quod colimus, ut discamus et inimicos diligere, quia eius natalicia celebramus, qui novit etiam pro persecutoribus exorare.

Wir bitten dich, lass uns nachahmen, Herr, was wir feiern, so dass wir lernen, selbst unsere Feinde zu lieben; denn wir begehen ja das Geburtsfest dessen, der es verstand, sogar für seine Verfolger zu beten.

Die Oration fokussiert im Bild des Heiligen den Schlussvers der Stephanusgeschichte: „Er kniete aber nieder und rief mit lauter Stimme: Herr, rechne ihnen diese Sünde nicht zu. Und als er dies gesprochen hatte, entschlief er" (Apg 7,60). Sie sieht darin geradezu den springenden Punkt des Festkultes *(quod colimus)*, der Feier der Geburt *(natalicia)* des Erzmärtyrers, seines Todes als seiner Geburt für den Himmel. Sein letztes Wort, sein Testament sozusagen, ist der Ruf an seinen himmlischen Herrn, denen, die ihn gerade zu Tode steinigen, dies nicht als Sünde anzurechnen. Er ahmt mit diesem Gebet seinen Herrn nach, der am Kreuz betete: „Vater, vergib ihnen, denn sie wissen nicht, was sie tun" (Lk 23,34). Der Märtyrer wird hier nicht als Glaubensheld, nicht seines mutigen Christusbekenntnisses, seiner den Tod nicht scheuenden Einsatzbereitschaft für die Wahrheit wegen gerühmt und als Vorbild empfohlen, sondern seiner Feindesliebe wegen, die ja bedeutet, dass erlittene Aggression, die man vielleicht selber sogar ausgelöst hat, sich nicht fortsetzt, indem sie wieder zurückgegeben wird. Sie soll sich in Gottes Erbarmen auflösen und so aus der Welt geschafft werden. Der erste christliche Märtyrer zeichnet sich, der Oration zufolge, dadurch aus, dass er eben hierin Christus nachahmt.

Dass diese Nachahmung sich fortsetzt, ist die Intention des Kultes: *„imitamur, quod colimus"*, „dass wir nachahmen, was wir feiern", nachahmen jenseits und außerhalb der kultischen Begehung. Aber die Oration stellt doch in Rechnung, dass so etwas Schwieriges nicht einfach durch liturgisches Gedächtnis großer Vorbilder zu bewerkstelligen ist, dass man es vielmehr lernen muss *(ut discamus)*. Liturgie kann vieles sein. In dieser Oration wird Gott gebeten, dass sie Motivation eines Lernprozesses wäre, eines für das Christentum offenbar ebenso zentralen wie schwierigen, eines durch Vorbilder vorgezeichneten wie gestützten.

Die oben aufgeführte Übersetzung lehnt sich an die des alten *Römischen Messbuchs* an, mit kleinen Varianten: *exorare* wurde einfach mit „beten" übersetzt statt „unsern Herrn anzuflehen"; die Doppelung von „Herr" sollte vermieden werden. Diese Übersetzung wurde der im neuen Missale vorgesehenen vorgezogen, weil sie genauer der Sinnstruktur des Textes folgt. Die neue unterschlägt den engen Zusammenhang von Kult und Imitatio ebenso wie das Moment des Lernens. Sie lautet: „Allmächtiger Gott, wir ehren am heutigen Fest den ersten Martyrer deiner Kirche. Gib, dass auch wir unsere Feinde lieben und so das Beispiel des heiligen Stephanus nachahmen, der sterbend für seine Verfolger gebetet hat."

Sonntag in der Weihnachtsoktav

Deus, qui praeclara nobis sanctae Familiae dignatus es exempla praebere, concede propitius, ut, domesticis virtutibus caritatisque vinculis illam sectantes, in laetitia domus tuae praemiis fruamur aeternis.

Gott, du hast uns das leuchtende Vorbild der Heiligen Familie gegeben. Gib, dass wir ihren häuslichen Tugenden und ihrer liebevollen Verbundenheit folgen und so zu deinem Haus gelangen, wo wir in Freude den ewigen Lohn genießen.

Am Sonntag in der Oktav von Weihnachten wird das „Fest der Heiligen Familie" begangen. Das relativ junge Fest, im Jahre 1921 von Papst Benedikt XV. eingeführt, wurde zunächst am Sonntag in der Oktav von Erscheinung gefeiert und hatte so nach dem Fest der Beschneidung am 1. Januar und dem der Hl. Drei Könige eine gewisse heilsgeschichtliche Anbindung; man las das Evangelium vom zwölfjährigen Jesus im Tempel. Im Zuge der neueren Kalenderreform ist es unmittelbar nach Weihnachten platziert, im Bannkreis des bürgerlichen Familienhochfestes schlechthin. Mehr noch als im früheren Kalendarium stellt es sich nun als Fest einer Idee, ja eines Ideals dar.

Eben das stellt das Tagesgebet gleich am Anfang der Liturgie heraus. Es geht um *praeclara exempla*, um leuchtendes Vorbild. Worin das Vorbildliche liegt, wird ausdrücklich gesagt. Es sind *virtutes* und *vincula*, Tugenden, die ein vorbildliches häusliches Leben auszeichnen, und darüber hinaus liebevolle Verbundenheit der Hausgenossen, „Liebesbande". Gott wird gebeten, dass die Gläubigen sich dem anschließen *(sectantes)*, um auf diesem Weg zu einem anderen Haus *(domus)* zu gelangen, dem Gottes selbst, wo man den ewigen Lohn fürs irdisch gelungene Familienleben erhält.

Die hier gebaute Brücke zwischen den *domesticae virtutes* und der *domus tua* ist ein bisschen schwankend. Häusliche Familientugenden kann eigentlich nur üben, wer häuslichen Familienverhältnissen angehört, nicht die Gemeinde überhaupt, der das hier als Heilsweg zum himmlischen Haus Gottes nahegelegt wird. Die Übersetzung des *Deutschen Messbuchs* sucht diese Unstimmigkeit der lateinischen Vorlage ein wenig auszubügeln: „Herr, unser Gott, in der Heiligen Familie hast du uns ein leuchtendes Vorbild geschenkt. Gib unseren Familien die Gnade, dass auch sie in Frömmigkeit und Eintracht leben und einander in Liebe verbunden bleiben. Führe uns alle zur ewigen Gemeinschaft in deinem Vaterhaus." Das leuchtende Vorbild gilt allen, aber die Tugendübung wird „unseren (!) Familien", wie es in einer pastoralen Betreuungsformel heißt, zugedacht, während die Gemeinschaft im himmlischen „Vaterhaus" wieder allen zuteil werden soll. Das Tagesgebet wird also im Mittelteil zu einer Fürbitte für die Familien umgearbeitet, denen damit zugleich indirekt das kirchlich gewünschte Ideal vermittelt wird. Dabei wird der vielleicht etwas altbackene Ausdruck „häusliche

Tugenden" *(domesticae virtutes)* inhaltlich ersetzt durch „Frömmigkeit und Eintracht"; Unfriede und Vernachlässigung der religiösen Pflichten sind das, wovor christliche Familien bewahrt werden sollen. Dass sie „einander in Liebe verbunden bleiben", meint wohl nicht die Familien, sondern die Familienangehörigen.

Es ist ein Bild, wie es auch das Haustafel-Ethos der für den Sonntag vorgesehenen 2. Lesung predigt: „Ihr Frauen, ordnet euch euren Männern unter, denn so will es der Herr. Ihr Männer, liebt eure Frauen, und seid nicht aufgebracht gegen sie! Ihr Kinder, gehorcht euren Eltern in allem; das gefällt dem Herrn. Ihr Väter, unterdrückt eure Kinder nicht, damit sie nicht mutlos werden" (Kol 3,18–21). Dort findet sich auch, auf die Gemeinde insgesamt bezogen, die Empfehlung der Liebe, „die alles zusammenhält" *(„caritatem habete, quod est vinculum perfectionis")*.

Das Evangelium, der eigentliche „Mythos" des Festes, ist die Geschichte vom zwölfjährigen Jesus im Tempel (Lesejahr B). Es ist eine Geschichte, in der der zwölfjährige Knabe sich von seiner Familie absondert, seinen Eltern, als sie sich beschweren, Unverstand attestiert („Wusstet ihr nicht …") und erklärt, dass sein eigentlicher Vater nicht in Nazaret, sondern in Jerusalem zu Hause sei. Die übliche, keineswegs besonders hervorstechende Frömmigkeit („… wie es Brauch war"; „… suchten sie ihn bei den Verwandten und Bekannten") wird durch die messianische Extravaganz des Jungen eher gestört als gesteigert.

Aber die, die diese jüdische Ein-Kind-Familie als Musterbild allen christlichen Familien ans Herz legen, heften sich weniger an den Hauptteil der Geschichte, sondern an ihren

Schluss: „Dann kehrte er mit ihnen nach Nazaret zurück und war ihnen gehorsam (…) Jesus aber wuchs heran, und seine Weisheit nahm zu; Gott und die Menschen fanden immer mehr Gefallen an ihm" (Lk 2,51f.). Das erscheint, wenn hier auch nur aufs Kind bezogen, der Beleg für das „leuchtende Vorbild" der „häuslichen Tugenden". Der Friedensabschluss der etwas unruhigen kleinen Wallfahrtsgeschichte wird extrapoliert auf den Gesamtverlauf der stillen Jahre in Nazaret. Vom Vater Josef ist weiter nicht die Rede, und die Mutter Maria, die „alle Worte in ihrem Herzen bewahrte", erscheint als Inbild des innigen Einverständnisses einer frommen Frau. Heißen könnte es auch, dass ihr das Unverständliche ihres Sonderkindes („Und sie verstanden das Wort nicht, das er zu ihnen sagte") nicht aus dem Kopf ging, bis herauskam, was es damit auf sich hatte. Der erwachsene Wanderprophet Jesus von Nazaret ist als Garant häuslicher Tugenden nicht mehr so einfach in Anschlag zu bringen.

Die oben vorgeschlagene Übersetzung versucht dem lateinischen Text so genau wie möglich zu folgen, um die theologischen Schwächen der Vorlage nicht zu verschleiern. Als liturgische Empfehlung ist sie nicht gedacht. Die sprachliche Nahaufnahme lässt den etwas verzogenen Bau einer neugemachten Oration erkennen. Die etwas unsichere Struktur hängt mit dem gedanklichen Fundament zusammen, mit der Idee, um nicht zu sagen Ideologie eines Festes, das in Ambitionen neuerer kirchlicher Familienpolitik seinen Ursprung hat.

Oktavtag von Weihnachten

Deus, qui salutis aeternae, beatae Mariae virginitate fecunda, humano generi praemia praestitisti, tribue, quaesumus, ut ipsam pro nobis intercedere sentiamus, per quam meruimus Filium tuum auctorem vitae suscipere.

Gott, durch die fruchtbare Jungfrauschaft Marias hast du dem Menschengeschlecht die Güter des ewigen Heiles geschenkt; wir bitten dich: Lass uns die Fürsprache jener Frau erfahren, durch die wir den Urheber des Lebens empfangen durften.

Das Kalendarium des christlichen Abendlandes hatte die Beschneidung Christi mit einem eigenen Festtag bedacht, dem Fest „*In circumcisione Domini*", das aus spanisch-gallischer Tradition kommend, die schon seit dem 6. Jh. ein solches Fest beging, sich seit dem 11. Jh. auch römisch durchgesetzt hatte. Es wurde in Umrechnung der acht Tage des jüdischen Ritualgesetzes auf den römischen Kalender am Oktavtag von Weihnachten gefeiert, so dass ausgerechnet am ersten Tag des bürgerlichen Jahres eine solche jüdische Sache christlich zu begehen war.

Die Liturgiereform hat dieses Fest nicht belassen, es wurde zurückverwandelt in das, was es in der altrömischen Praxis des 1. Jahrtausends gewesen war: ein Fest der „Mutterschaft der seligen Jungfrau Maria", *"Festum Maternitatis Beatae Mariae Virginis"*. Das neue Jahr wird nun nicht mehr intoniert mit dem Introitusvers *"Puer natus est nobis"*, sondern *"Salve sancta Parens"* („Gruß dir, heilige Mutter"). Nicht mehr das jüdische Kind und sein himmlischer Name, sondern die *Magna Mater* steht nun im Zentrum[1], freilich in Bezug auf ihren Sohn, der hier als „Urheber des Lebens" tituliert wird. Der Christustitel *„auctor vitae"* stammt aus Apg 3,15, wo Petrus predigt: „Den Urheber des Lebens habt ihr getötet, den Gott auferweckt hat von den Toten." Die Auferweckung hat von Gottes Seite festgehalten und durchgesetzt, was Jesus von Nazaret in seinem irdischen Leben schon war („durch machtvolle Taten und Wunder und Zeichen, die Gott durch ihn in eurer Mitte getan hat", Apg 2,22), *archêgos tês zôês*, Anführer des Lebens oder, wie die Vulgata übersetzt, *auctor vitae*.

Der Text der Oration verbindet diese Lebensurheberschaft schon mit der Geburt, die selbst als ein Paradox in der Genese des *genus humanum* vorgestellt wird. Die Fortsetzung des Lebens der menschlichen Gattung geschieht sexuell, der Neuanfang soll *virginitate fecunda* geschehen, „durch fruchtbare Jungfrauschaft". Eine Jungfrau ist eigentlich das Ende der menschlichen Zeugungskette, hier soll sie eminent fruchtbar sein, indem sie nicht nur ein Kind gebiert, sondern dieses als den Urheber eines neuen Lebens des Menschengeschlechts, aber nicht dadurch, dass dieser neue Mensch nun selbst wieder wie ein mit Fruchtbarkeit reich gesegneter Patriarch viele Kinder zeugte. Das neue Leben des sich auf natürliche Weise weiterzeugenden Menschengeschlechts soll eine neue Lebensqualität sein, die hier als *salus aeterna* bezeichnet wird, als „ewiges Heil", als Rettung aus der mit der natürlichen Zeugung unlösbar verbundenen Vergänglichkeit. Das ist eine jenseitige Perspektive *(praemia)* für das Menschengeschlecht insgesamt. Was es für das Weiterleben der Gläubigen, die hier beten, jetzt bedeutet, wird in dieser Oration nicht näher ins Auge gefasst. Sie bitten nur darum, dass sie die Interzession dieser „Mutter des Lebens" erfahren oder empfinden möchten *(ut ipsam pro nobis intercedere sentiamus)*, dass es also nicht eine reine Glaubens- oder Gedankensache bleiben möge. Die Fürsprache der Mutter soll sich offenbar darauf richten, dass der Sohn sich als spürbar belebend erweist.

Der Oktavtag von Weihnachten fällt zusammen mit dem bürgerlichen Neujahrstag, der in der zeitlichen Wahrnehmung im Vordergrund steht. Die Neujahrsfeste der verschiedenen Religionen feiern, oft mit dem Gedächtnis von Schöpfungsmythen verbunden, den Einschnitt in der Zeit als Anfang eines neuen Lebens, zu dem man sich Glück wünscht. Die christliche Liturgie ist so sehr von Weihnachten beansprucht, dass sie sich am 1. Januar nur indirekt darauf bezieht. Indirekt könnte aber die Oration einen Gedanken zum christlichen Verständnis der Zeit des Menschengeschlechts beisteuern.

Die Übersetzung des *Deutschen Messbuchs* sucht mit einer Klammereinfügung einen solchen Bezug explizit herzustellen. Sie lautet: „Barmherziger Gott, durch die Geburt deines Sohnes aus der Jungfrau Maria hast du der Menschheit das ewige Heil geschenkt. Lass uns (auch im neuen Jahr) immer und überall die Fürbitte der gnadenvollen Mutter erfahren, die uns den Urheber des Lebens geboren hat." Das neue Jahr wird in dieser Fassung zu einer Art marianischem Jahr ausgerufen. Maria erscheint, abweichend vom lateinischen Text, als „gnadenvolle Mutter", die gewagte Rede der frühmittelalterlichen Oration von der *virginitas fecunda,* der „fruchtbaren Jungfrauschaft", wird zurückgenommen auf das gängigere „Geburt aus der Jungfrau Maria". In der für *genus humanum* gewählten Übersetzung „Menschheit" ist gleichfalls der Lebenszusammenhang weniger deutlich hörbar, als wenn man „Menschen*geschlecht*" übersetzt. Unsere Übersetzung ist mit leichten Veränderungen angelehnt an die alte des *Römischen Messbuchs;* der Ausdruck „fruchtbare Jungfrauschaft" wurde von da übernommen; er ist der Kirchensprache von heute sicher nicht geläufig, aber sein Paradox passt in die Lebenslogik *(genus humanum, auctor vitae)* dieser Oration.

Anmerkung

1 Zur liturgischen Bedeutung von Beschneidung und Namengebung Jesu vgl. A. Stock, Poetische Dogmatik. Christologie 1. Namen, Paderborn 1995, 15–90.

Erscheinung des Herrn

Deus, qui hodierna die Unigenitum tuum gentibus stella duce revelasti, concede propitius, ut qui iam te ex fide cognovimus, usque ad contemplandam speciem tuae celsitudinis perducamur.

Am heutigen Tag hast du, Gott, den Völkern der Heidenwelt unter der Leitung des Sterns deinen einzigen Sohn offenbart. Uns, die dich im Glauben schon kennen, führe gütig dahin, deinen Glanz in der Höhe zu schauen.

Pointiert steht am Anfang der Oration dieses *„Deus, qui hodierna die"*. Auf den Tag genau wird die Offenbarung Gottes terminiert. Es ist der heutige Tag im Kirchenjahr, der 6. Januar, an dem das liturgische Gedenken die Beter gleichzeitig macht mit den Weisen aus dem Morgenland, die, vom Stern geführt, in Betlehem ankommen, in dem Kind Gottes eingeborenen Sohn *(Unigenitum tuum)* erkennen und anbeten. Während der Eingang des Evangeliums die Hörer rückverweist auf jene Zeit *(In illo tempore …)*, auf ein bestimmtes Damals, das aber als Urzeit des christlichen Glaubens, dem Mythos vergleichbar, immer von Neuem zu bedenken ist, versetzt das Gebet im Angesicht des ewigen Gottes stracks in eine Gleichzeitigkeit. Dies ist der Tag der Offenbarung Gottes, seiner Offenbarung für die Welt der Heiden.

Dazu rechnen sich auch die, die hier beten. Es ist ihr Tag. Aber sie sind natürlich keine Heiden mehr, sie waren es, die meisten nur ganz kurz, „Heidenkinder". Jetzt sind sie Christen, Heidenchristen. Sie kennen Gott aufgrund ihres Glaubens *(ex fide)*. Ihr Glaube kommt von solchen Geschichten her wie der an diesem Tag vorgelesenen. Sie haben diesen Geschichten und der darin überlieferten Botschaft getraut. Aber es ist reine Glaubenssache. Sie sind nicht selbst von diesem göttlichen Stern nach Betlehem geführt worden, haben nicht selbst das leibhaftige Kind da gesehen. Sie schließen sich dem nur aus der Distanz von Hörern der Geschichte an.

Und da kommt nun doch der Riss der Zeit in dieses liturgisch beschworene Heute. Sie sind keine Augenzeugen. Sie glauben, dass es sich so verhält mit der Offenbarung Gottes. Die Oration verheimlicht nicht, dass das ein Mangel ist, ein Defizit des Glaubens, aus dem ein Desiderat hervorgeht: Wir möchten sehen. Das ist dann auch der Sinn der Bitte, die Gott um die gütige Gewährung der Schau bittet *(ad contemplandam)*. Der Glaube ist schon *(iam)* etwas, aber noch nicht das Eigentliche, was sich die Gläubigen wünschen: „Wir wandeln im Glauben *(per fidem)*, nicht im Schauen *(per speciem)*" (2 Kor 5,7). *Species celsitudinis* wird das in der Oration genannt. *Species* kann Aussehen, Erscheinung, Anblick, Gesicht, Glanz bedeuten, und *celsitudo* meint Höhe, Erhabenheit. Bei Paulus (1 Kor 13,12) wird jenes Schauen, nach dem sich der im Undeutlichen tastende Glaube sehnt, als „Schauen von Angesicht zu Angesicht" und volle wechselseitige

Erkenntnis beschrieben. So könnte man die Oration auch übersetzen: „dein Angesicht im Himmel (als der hier gedachten Höhe) zu sehen". Aber „Himmel" ist ein viel gebrauchtes Wort, und mit „Höhe" könnte man auch auf das *„gloria in excelsis"* anspielen. „Glanz" legte sich nahe, weil mit dem Stern die Lichtbahn der Offenbarung schon eingeschlagen ist. Aber das *„facie ad faciem"* ist bei diesem erhabenen Glanz doch mitzudenken.

Die Oration ist wegen ihrer syntaktischen Verschachtelung, Relativsätze und Ablativus absolutus eingeschlossen, nicht einfach ins Deutsche zu bringen. Das alte *Römische Messbuch* hat es so versucht: „O Gott, du hast am heutigen Tage den vom Stern geführten Heiden deinen Eingeborenen geoffenbart; führe uns, die wir dich bereits durch den Glauben kennen, huldvoll bis zur Anschauung des vollen Glanzes deiner Herrlichkeit." Die Übersetzung ist sprachlich sehr genau, die unsrige ist ein Versuch in der gleichen Richtung.

Das neue *Deutsche Messbuch* geht, wie gewohnt, etwas freier mit der lateinischen Vorlage um: „Allherrschender Gott, durch den Stern, dem die Weisen gefolgt sind, hast du am heutigen Tag den Heidenvölkern deinen Sohn geoffenbart. Auch wir haben dich schon im Glauben erkannt. Führe uns vom Glauben zur unverhüllten Anschauung deiner Herrlichkeit." Das einfache „Gott" wird zu „Allherrschender" aufgehöht, vielleicht, weil man damit die kosmische Dimension der Sterndeutekunst der Weisen aus dem Morgenland hervorheben wollte. Zur Verbindung zwischen der Prädikation des ersten und der Bitte des zweiten Teils führt die Neuübersetzung ein „Auch" ein: „Auch wir haben dich schon ...", was nahelegt, dass die einleitend als Offenbarungsempfänger hochgepriesenen Weisen auch Gläubige sind, denen die jetzigen Gläubigen mit ihrem Erkenntnisstand nicht nachstehen. Unsere Übersetzung und Auslegung, die es beim einfachen *„iam"* belässt, empfindet den jetzigen Glaubensstand eher als ein etwas bescheidenes Tal zwischen dem als Festanlass gerühmten Sternoffenbarungswunder und der künftigen Himmelsherrlichkeit.

Aschermittwoch

Concede nobis, Domine, praesidia militiae christianae sanctis inchoare ieiuniis, ut, contra spiritales nequitias pugnaturi, continentiae muniamur auxilio.

Lass uns, o Herr, den Posten im christlichen Kampf mit heiligem Fasten beziehn, dass gegen den bösen Geist unsre Kräfte gesammelt sind.

Die christliche Religion wird zu Beginn der Fastenzeit als *militia* ausgerufen, als Kriegsdienst, Militärdienst, als „heiliger Krieg", der aber, in Erasmus von Rotterdams *„Enchiridion militis christiani"* nicht anders als bei friedliebenden Muslimen im Dschihad des Ramadan, als Krieg nicht gegen irgendwelche äußeren Feinde verstanden wird, sondern als geistiger Kampf, als Kampf gegen die *spiritales nequitiae*. Von *spiritualia nequitiae* ist wörtlich im Epheserbrief (Eph 6,12) die Rede, und da geht es darum, dass die christliche Existenz eine des Kampfes sei, „nicht gegen Fleisch und Blut", sondern gegen „Geisterwesen der Bosheit in den Himmeln", Mächte, die die geistige Atmosphäre der Welt beherrschen, böswillige und bösartige Gesinnungen, Machenschaften, Tendenzen. Der Kampf geht um herrschende Ideen und Mentalitäten.
Die Einberufung zu diesem Militärdienst, das Beziehen des Postens, der Stellung *(praesidia militiae inchoare)* soll durch Fasten geschehen. Der Herr *(domine)*, was hier geradezu wie

„Kriegsherr" klingt, wird gebeten, dass es so losgehen *(inchoare)* möge. Das körperliche Fasten wird im zweiten Teil der Oration als *continentia* definiert, was gewöhnlich im Sinne von *abstinentia* mit Enthaltsamkeit übersetzt wird. Wörtlich heißt es, von *continere* abgeleitet, so viel wie sich zusammennehmen, die Kräfte sammeln und zusammenhalten und nicht sinnlos verausgaben.

Diese körperliche Übung und Anstrengung ist aber nur ein Mittel *(auxilio)* zur Stärkung *(muniamur)* in einem geistigen Kampf, einer spirituellen, mentalen Auseinandersetzung des Einzelnen mit sich selbst, für die hier kollektiv eine besondere Übungszeit eingeläutet wird. Wo der jeweils Einzelne da in sich an eine Front gerät, muss er selbst herausfinden. Dass die Christen gemeinsam zu kämpfen hätten, wird von der Oration wohl unterstellt. Ist das, was körperlich zu unternehmen ist, nur Hilfsmittel im geistigen Kampf, so ist die Wahl der Mittel an der bestimmten Frontstellung, die man zu halten hat, zu bemessen. Nicht jeder wird direkter Nahrungsentzug geistig voranbringen. Aber ohne jedweden psychosomatischen Zusammenhang würde diese Fastenzeiteröffnungsoration doch ins Leere fallen.

Die Übersetzung im *Deutschen Messbuch* lautet: „Getreuer Gott, im Vertrauen auf dich beginnen wir die vierzig Tage der Umkehr und Buße. Gib uns die Kraft zu christlicher Zucht, damit wir dem Bösen absagen und mit Entschiedenheit das Gute tun." Die Fastenzeit hat in dieser Fassung ihren militärisch-sportiven Übungscharakter verloren; Treue und Vertrauen, Buße und Umkehr sind die neuen Leitworte. *„continentia"* wird im Sinne der Kardinaltugendlehre als „christliche Zucht" verstanden, das Kämpferische zu „Entschiedenheit" existentialisiert.

1. Fastensonntag

Concede nobis, omnipotens Deus, ut, per annua quadragesimalis exercitia sacramenti, et ad intelligendum Christi proficiamus arcanum, et effectus eius digna conversatione sectemur.

Gib uns, allmächtiger Gott, dass wir durch die jährliche Übung der vierzig Tage Christi Geheimnis besser verstehn und, indem wir danach leben, auf seine Wirkungen aus sind.

Im Bedeutungszentrum der Oration stehen die *exercitia*, Übungen, wie sie beim Sport oder Militär üblich sind. Das Heer *(exercitus)* ist eine geübte Mannschaft. Wenn man gewinnen will, geht es, meint die Oration, auch im religiösen Leben nicht ohne Übung ab. Sie denkt dabei an das jährliche Übungsprogramm, das einen Raum von vierzig Tagen umfasst, die sogenannte Fastenzeit. Worin diese Exerzitien näherhin bestehen sollen, wird hier nicht gesagt. Nur das Übungsziel wird benannt, und es ist ein doppeltes. Zum ersten soll man darin vorankommen *(proficiamus)*, Christus, sein Geheimnis, besser zu verstehen. Statt wie hier von *arcanum* ist kirchensprachlich häufiger von *mysterium* die Rede, vom „Mysterium Gottes des Vaters und Christi, in dem alle Schätze der Weisheit und der Erkenntnis verborgen sind" (Kol 2,2). Ist Christus ein Mysterium, ein Gottesmysterium, so ist er nicht einfach und schnell zu verstehen, man braucht Zeit, viel Zeit vielleicht.

Der Gedanke, hier durch Übung Fortschritte zu machen, setzt wohl voraus, dass die Christusintelligenz der Gläubigen stagnieren könnte und sich weiterentwickeln sollte. Im Epheserbrief meint Paulus einmal, dass man durch Lesen hier weiterkommen könnte: „Daran könnt ihr beim Lesen meine Einsicht in das Geheimnis Christi *(in mysterio Christi)* erkennen *(intelligere)*" (Eph 3,4). Durch Schreiben und Lesen tiefer in das Geheimnis Christi einzudringen, ist eine Theologenhoffnung, die die Oration für die Übung der vierzig Tage sicher nicht ausschließen will, aber vielleicht denkt sie auch an mehr körperliche Dinge, die das Geheimnis der Passion Christi miteinschließen.

Die zweite Zielangabe besagt jedenfalls, dass man in den Übungen nach einer wirksamen Kraft *(effectus)* sucht. Es sind Christuskraftübungen, die man offenbar nicht durch reines Lesen bekommt, sondern erst durch einen angemessenen Umgang mit dem Mysterium, einen Lebenswandel, der Christus entspricht, ihm angemessen, seiner würdig ist *(digna conversatione)*. Was das im Einzelnen ist, muss man vielleicht den Lesungen entnehmen, die im Anschluss an die Oration dem gläubigen Volk unterbreitet werden; also doch Lesen, aber im Sinne einer Übungsanleitung.

Im *Deutschen Messbuch* lautet der offizielle Text: „Allmächtiger Gott, du schenkst uns die heiligen vierzig Tage als eine Zeit der Umkehr und der Buße. Gib uns durch ihre Feier die Gnade, dass wir in der Erkenntnis Jesu Christi voranschreiten und die Kraft seiner Erlösungstat durch ein Leben aus dem Glauben sichtbar machen." Die Übersetzung hat das

Exerzitienhafte deutlich herausgekürzt. Die „*heiligen* vierzig Tage" sind Gnade, Geschenk, eine Feier. Die, wie es im Messbuch als Überschrift heißt, „*österliche* Bußzeit" soll nicht den Anschein von Arbeit erwecken. Angesichts der Lasten, die christliche Pharisäer und Schriftgelehrte dem christlichen Volk jahrhundertelang aufgebürdet haben, ist solche gnädige Erleichterung und österlich-freudige Umstimmung von Buße und Umkehr wirklich verständlich. Was dabei ein wenig aus dem Blick gerät, ist etwas, was kraftvollen Religionen auch vollkommen klar ist, dass es nämlich zu allem, was effektiv sein soll *(effectus),* einer gewissen, nicht ohne Anstrengung zu habenden Übung *(exercitia)* bedarf, der richtigen Bewegung und Ernährung, körperlich wie geistig.

2. Fastensonntag

Deus, qui nobis dilectum Filium tuum audire praecepisti, verbo tuo interius nos pascere digneris, ut, spiritali purificato intuitu, gloriae tuae laetemur aspectu.

Gott, der du uns geboten hast, auf deinen geliebten Sohn zu hören, nähre uns innerlich durch dein Wort und kläre die geistige Sicht zur Freude am Glanz deines Anblicks.

Ein direkter Bezug der Oration zum Evangelium des Tages ist nicht immer gegeben. Hier ist es einmal der Fall. In allen drei Lesejahren wird das Evangelium von der Verklärung gelesen, wo die strahlende Epiphanie auf dem Berg mit der Stimme aus der Wolke endet: „Dieser ist mein geliebter Sohn; auf ihn sollt ihr hören." Das einzige, was die Stimme des Unsichtbaren zu sagen hat, ist die Stimmabgabe für und an den Sohn, den Menschensohn, der auf seine Passion zugeht. Wenn also im nächsten Satz der Oration davon die Rede ist, dass wir *„verbo tuo"*, „durch dein Wort" genährt werden sollen, so ist der geliebte Sohn als Wort Gottes gemeint, als das, was Gott zu sagen hat durch das, was Christus sagt.
Dass das Wort Gottes eine Nahrung ist, greift auf die Versuchung Jesu in der Wüste zurück, die am 1. Fastensonntag Thema der Evangelien ist. Im Lesejahr A heißt es bei Mat-

thäus als Antwort auf die Versuchung des Teufels, Steine zu Brot zu machen: „Der Mensch lebt nicht vom Brot allein, sondern von jedem Wort, das aus dem Munde Gottes kommt" (Mt 4,4). Der in der Wüste hungernde Jesus verweist den Versucher da auf eine geistige Nahrung, die lebendige Rede Gottes, die ihm aus der Schrift, die Jesus dem Teufel gegenüber ins Feld führt, zukommt. Dadurch gewinnt der durchs Fasten geschwächte Gottessohn seine innere Kraft. So etwas erbitten die Beter der Oration nun für sich, dass die Worte Gottes, die aus dem Menschenmunde Jesu kommen, sie innerlich nähren und kräftigen. Und vielleicht ist das ja auch eine Bitte für den Prediger, dass es ihm gelingen möge, die in der Schrift deponierten Worte so zuzubereiten, dass man nicht leer, sondern innerlich gestärkt von dannen geht.

Der zweite Teil der Oration sucht von da aus wieder die Kurve zurück zur Verklärungsgeschichte. Die Jünger auf dem Berg wollten den Anblick des leuchtenden Christus festhalten und drei Hütten zum ständigen Aufenthalt bauen. Es ging nicht. Der Himmel wollte es nicht. Der Menschensohn wurde auf den Weg der Passion geschickt, und die Jünger wurden angewiesen, ihm zu folgen, auf ihn zu hören. Aber die Oration hält doch das, was auf dem Berg aufgeleuchtet war, als Ziel der ganzen Wanderung fest, dass wir uns an seinem Anblick freuen. Wann? Ganz am Ende? Oder schon zwischendurch einmal, wie die Jünger auf dem Berg? Zu Ostern? Die Oration macht keine Zeitangabe. Sie sagt nur etwas über den Weg, dass nämlich jene Ernährung auch eine Klärung sein sollte, eine Reinigung der Sicht, des geistigen Sehvermögens: *„spirituali purificato intuitu"*, was offenbar dadurch geschehen soll, dass wir den geliebten Sohn hören, uns in seinen Worten seine Sichtweise aneignen. Er ist als Wort das Licht. Dem sucht die Übersetzung von *„purificato"* mit „kläre", was an Verklärung anklingt, nachzukommen.

Die Übersetzung der Oration lautet im *Deutschen Messbuch*: „Gott, du hast uns geboten, auf deinen geliebten Sohn zu hören. Nähre uns mit deinem Wort und reinige die Augen unseres Geistes, damit wir fähig werden, deine Herrlichkeit zu erkennen." Indem sie das *„interius"* – „innerlich" einspart, könnte sie nahelegen, dass der „Tisch des Wortes", das reichliche Aufdecken von Vorgelesenem in der *Liturgia Verbi* als solches schon die Ernährung wäre, wie man die Lesung ja bereits als „Wort des lebendigen Gottes" akklamiert. Indem sie das *„laetemur"* durch „fähig werden" übersetzt, stimmt sie eventuell aufkommende Glücksmomente auf eine einfache Sehhilfe zurück.

3. Fastensonntag

Deus, omnium misericordiarum et totius bonitatis auctor, qui peccatorum remedia in ieiuniis, orationibus et eleemosynis demonstrasti, hanc humilitatis nostrae confessionem propitius intuere, ut, qui inclinamur conscientia nostra, tua semper misericordia sublevemur.

Gott, Urheber allen Erbarmens und der Güte schlechthin, als Heilmittel gegen die Sünden hast du Fasten, Beten, Almosengeben vorgesehn. Sieh dies Bekenntnis unserer Schwäche gütig an. Unser Gewissen bedrückt uns. Erhebe uns durch dein Erbarmen.

Gott ist das Gute, nicht nur in sich, sondern auch als Ursprung alles anderen, was gut ist in der Welt, so dass wir in jedem, was irgendwie gut ist, jedem noch so kleinen Guten in Verbindung treten zum Ursprung, wie Simone Weil einmal sagt: „Das höchste Gut schließt nicht nur alle Güter ein, sondern die Güter sind gut nur als Schatten des höchsten Guts."[1] Aber das ist nicht nur ein ontologisches Verhältnis zu einem neutrischen *bonum*, wie die metaphysische Theologie es denkt; der Ursprung ist *auctor*, Ursprung in Person, Urheber, und weil die *bonitas* mit *misericordia* parallel steht, ist das Gute auch Güte, die das, was nicht gut ist, mit Erbarmen überwindet.

Zum *opus misericordiae* gehört das, was im nächsten Satz der Oration steht, wo von *remedia peccatorum* die Rede ist. Die Sünden sind eine Krankheit, Wunden und Verletzungen, Wucherungen und Vergiftungen, Schwäche und Gebrechen. Und der Ursprung des Guten lässt das Schlechte nicht einfach laufen, sondern betrachtet es als etwas Heilbares, sieht eine Heilzeit und Heilmittel vor, Medikamentation. Das Gute hat eine Heilkraft, wie man in der Pfingstsequenz zum Hl. Geist ruft: „*sana, quod est saucium*" – „Heile, was verwundet ist!"

Als *remedia* zur Regeneration sind von der Vorsehung des Guten vorgesehen, geradezu verschrieben: Fasten, Beten, Almosengeben. Man könnte das als Heilmittel *in specie* verstehen, dass eben denen, die zur Fresssucht *(gula)* neigen, Nahrungsentzug verschrieben wird; den Geizigen und Habsüchtigen großzügige Spendierfreudigkeit; den gottvergessend Sich-treiben-Lassenden Beten. Aber da diese Trias irgendwie allen ans Herz gelegt ist, kann es sich auch um die Vorstellung handeln, das geistige Immunsystem als Ganzes würde auf diese Weise gegen jederart Krankheit gestärkt.

Angesichts dieses anspruchsvollen Rehabilitationsprogramms, das ja nicht nur in der Einnahme von Mitteln besteht, sondern Eigentätigkeit verlangt, kommt dem Beter als erstes seine *humilitas* in den Sinn, seine bodennahe Schwäche, und er gesteht sie Gott, dem Ursprung alles Guten, und bittet ihn, dies Geständnis gütig anzusehen.

Die *peccata* sind nicht nur etwas objektiv Schlechtes, sie sind, im Gewissen *(conscientia)* empfunden, eine Last, alte Schuld, die einem anhängt und nachgeht, die niederdrückt und abhält vom erhobenen Blick aufrechten Gangs. Aus dieser

Bedrücktheit kommt die Anrufung an die Ursprungsgüte um Erbarmen, das nicht nur nachlässt, sondern erhebt, aufrichtet, dass man den Mut und die Kraft hat, diese Rehabilitation auch anzugehen.

Die Übersetzung im *Deutschen Messbuch* vergibt das Sinnpotential dieser aus dem 8. Jh. stammenden Oration, ja verkehrt es fast in sein Gegenteil. Übersetzt man: „Gott, unser Vater, du bist der Quell des Erbarmens und der Güte", so versteht man Gott als wohlwollenden Vater, wo es gilt, ihn als *auctor* zu sehen, als Urheber und Förderer, der alles, was eben gut ist in der Welt, hervorbringt und fördert. Übersetzt man „Wir stehen vor dir als Sünder", kommt gerade das *inclinamur,* dass wir nicht so gerade stehen, sondern von unserer Sünde gebeugt und niedergedrückt sind, nicht recht zum Vorschein. „Unser Gewissen klagt uns an", wird übersetzt. Dieser forensische Aspekt gehört zwar zum üblichen Gewissens-Vokabular, aber die Oration will in ihrem Bilddenken auf etwas anderes hinaus, das Bedrücktsein, aus dem wir aufgehoben und aufgerichtet zu werden wünschen. Und schließlich geht es nicht darum, dass wir durch Fasten, Beten und Almosengeben Vergebung finden, was doch Sache des Erbarmens Gottes ist, sondern wirksame Heilmittel gegen diese Krankheit der Sünde.

Anmerkung

1   S. Weil, Cahiers. Aufzeichnungen 4, München 1998, 8.

4. Fastensonntag

Deus, qui per Verbum tuum humani generis reconciliationem mirabiliter operaris, praesta, quaesumus, ut populus christianus prompta devotione et alacri fide ad ventura sollemnia valeat festinare.

Wunderbar schaffst du Versöhnung zwischen dir und dem Menschengeschlecht, Gott, durch dein Wort. Gib, wir bitten, dem christlichen Volk die Kraft, mit wacher Frömmigkeit und lebhaftem Glauben auf das kommende Fest zuzugehn.

Am 4. Fastensonntag – es ist nach traditioneller Introitus-Bezeichnung der Sonntag *Laetare* – ist Ostern bereits in Sichtweite: *ventura sollemnia*, das kommende, auf uns zukommende Fest, dem das christliche Volk seinerseits entgegenzugehen, die Oration meint sogar: zu laufen, eilen *(festinare)* hat. Wenn es heißt, dass das *„prompta devotione et alacri fide"* geschehen sollte, liegt dem wohl das Gefühl zugrunde, dass das christliche Volk nach einigen Wochen Fastenzeit etwas müde und lustlos geworden sein könnte auf dieser Marathonstrecke nach Ostern, müde in der Frömmigkeit und lustlos im Glauben. Weil es nicht leicht ist, hier wieder in Schwung zu kommen, wird Gott um Kraft gebeten. In diesem Sinne jedenfalls versteht unsere Übersetzung das *valeat* des Textes, nicht bloß als ein rhetorisch beiläufiges „vermag", das man notfalls auch weglassen kann. Weil Religion auch schläfrige Konvention sein kann, wird um bereite, „wache Frömmigkeit" gebeten, Frömmigkeit, die prompt *(prompta)* ist, sich also nicht lange drängen und nötigen lassen muss; und um „lebhaften Glauben"; *alacer* heißt so viel wie „munter"; ein Glaube ist also gemeint, der lebt, an dem man lebhaft beteiligt ist. Weil beides nicht selbstverständlich und doch wünschenswert ist, nimmt die Oration es ins Gebet.

Die Anrede richtet sich an Gott, der wirkt im Präsens *(operaris)*. Er wirkt Versöhnung des Menschengeschlechts. Das *genus humanum* ist uneins mit Gott, in Streit und Unfrieden mit ihm. Gott arbeitet von sich aus an einem neuen Zusammenkommen, einer versöhnlichen Übereinkunft, die man auch Bund nennt, Neuer Bund. Er arbeitet daran durch sein Wort, womit, großgeschrieben, Christus gemeint ist. Statt gleich „Christus" zu sagen, wird in unserer Übersetzung an „Wort" festgehalten und durch betonte Nachstellung „..., durch dein Wort" der Unterschied zu einem bloßen Wort hörbar und denkbar zu machen versucht. Wenn so dezidiert von *Verbum* gesprochen wird, lässt das an den Johannesprolog denken, das Wort, durch das alles geschaffen und das Fleisch geworden ist. Und das wiederum lässt eher an Weihnachten denken, wo dies das große Evangelium ist. Hier sind die *ventura sollemnia* aber Ostern. Ostern wäre also an diesem Sonntag *Laetare* von Weihnachten her zu denken. Der Tod, der da zu begehen ist, und die Auferstehung wären zu denken als das Zu-Ende-Bringen der Inkarnation des ewigen Wortes, im Aushalten des schrecklichen Todes und der daraus entspringenden Auferstehung ins Leben, als die Versöhnung Gottes mit dem Menschengeschlecht, das von sich her Leiden und Tod immerzu als Widerspruch zum lebendigen Gott erfährt. Dieses Wirken und diese Wirklichkeit wird von der Oration als „wunderbar" angesehen *(mirabiliter operaris)*; die Übersetzung setzt diesen Ausdruck des Erstaunens deshalb an den Anfang.

Die im *Deutschen Messbuch* eingeführte Übersetzung lautet: „Herr, unser Gott, du hast in deinem Sohn die Menschheit auf wunderbare Weise mit dir versöhnt. Gib deinem Volk einen hochherzigen Glauben, damit es mit froher Hingabe dem Osterfest entgegeneilt." Die Anrede wird erweitert. Statt „Wort" heißt es gleich deutlich „Sohn", was die oben bedachten Johannesprolog-Bezüge nicht mehr aufkommen lässt. Die beiden Modi des Anmarschs auf Ostern werden hypotaktisch einander untergeordnet; der „hochherzige Glaube" ist die Ursache der „frohen Hingabe"; beide Formulierungen folgen eher der üblichen Pastoralsprache als die in unserer Übersetzung gewählten. Das *valeat* wird als rhetorische Flickformel genommen, auf die auch verzichtet werden kann. Die *„ventura sollemnia"* werden gleich mit „Osterfest" beim Namen genannt, womit das Bewegungselement des Festkalenders weniger Beachtung findet; das „entgegeneilt" aber ist in der Tat wörtlicher als „entgegengehn".

5. Fastensonntag

Quaesumus, Domine Deus noster, ut in illa caritate, qua Filius tuus diligens mundum morti se tradidit, inveniamur ipsi, te opitulante, alacriter ambulantes.

Aus Liebe zur Welt hat dein Sohn sich dem Tod überliefert. Wir bitten dich, Herr, unser Gott, dass auch wir selbst in solchem Lebenswandel angetroffen werden.

Am 5. Fastensonntag, der auch Passionssonntag genannt wird, kommt der Tod des Gottessohns näher in den Blick. Es ist der Tod, dem er ausgeliefert wird und sich, in diese Auslieferung einwilligend, selbst ausliefert. In diesem Doppelsinn wird ja das Wort *traditio* in der Passionsüberlieferung gebraucht. Diese Einwilligung, das Einverständnis mit Gott, dass dies frühe, schreckliche Ende seines Lebens so sein muss, geschieht aus Liebe zur Welt: *diligens mundum*. Der in der Passion auf ihn stürzende Hass der Welt hätte auch den absoluten Widerwillen gegen diese Welt hervorrufen können. In der Liebe entspricht der Sohn dem Willen seines Vaters. Hat dieser göttliche Ratschluss eine Logik? Dieser Oration ist nur zu entnehmen, dass die Gläubigen, die hier bitten, in alldem ein Vorbild sehen, das sie auch selber erreichen möchten. Sie bitten darum, dass auch sie mit göttlicher Hilfe *(te opitulante)* in einer solchen Lebensweise *(ambulantes)* anzutreffen sind *(inveniamur)*. Sie wünschen sich in eine solche Liebe *(in illa caritate)*, also eine todesbereite Liebe zur Welt hinein. Im Hintergrund dieser Bitte steht die im Epheserbrief zu lesende Mahnung: „So ahmet nun Gottes Weise nach als geliebte Kinder und wandelt in der Liebe *(ambulate in caritate)*, wie auch Christus euch geliebt und sich für uns dahingegeben hat *(tradidit semetipsum)*" (Eph 5,1f.).

Das ist hochgegriffen, und man könnte den Betern entgegenhalten, was den todesmutigen Aposteln zu bedenken gegeben wurde: „Ihr wisst nicht, um was ihr bittet" (Mk 10,38). Das Gethsemane-Versprechen, selbstverständlich mit ihm in den Tod zu gehen, hielt ja nicht eine Nacht (Mt 26,35). Aber die Oration hier ist kein Versprechen, sondern ein Wunsch, der Wunsch der Christgläubigen, so zu sein und zu leben wie ihr Herr und Meister. Und wenn es alles übersteigt, was sie zu tun imstande sind, was sollen sie sich anderes wünschen? Also bitten sie Gott den Herrn, den Vater Jesu Christi, darum. Und wenn ihre Bitte erfüllt wird, stellt sich vielleicht heraus, was damit in ihrem konkreten Fall gemeint war.

Die gültige Übersetzung des *Deutschen Messbuchs* lautet: „Herr, unser Gott, dein Sohn hat sich aus Liebe zur Welt dem Tod überliefert. Lass uns in seiner Liebe bleiben und mit deiner Gnade aus ihr leben." Die Beziehung der Liebe der Christen zu der todesbereiten Weltliebe Christi wird hier nicht so streng gesehen, ja es hat sogar den Anschein, als ob die Liebe Christi zu den Betern gemeint sei, in der sie schon sind und in der sie bleiben und aus der sie weiter leben möchten. Das wäre weniger riskant.

Palmsonntag

Omnipotens sempiterne Deus, qui humano generi, ad imitandum humilitatis exemplum, Salvatorem nostrum carnem sumere, et crucem subire fecisti, concede propitius, ut et patientiae ipsius habere documenta et resurrectionis consortia mereamur.

Allmächtiger, ewiger Gott, du hast unsern Erlöser Fleisch annehmen und das Kreuz auf sich nehmen lassen, der Menschheit als Vorbild der Demut: Gib gnädig, dass seine Geduld uns eine Lehre ist und wir teilhaben dürfen an seiner Auferstehung.

Die Oration zum Auftakt der Karwoche – sie stammt aus dem 8. Jh. – greift noch einmal Motive des 4. Fastensonntags auf. Der Zusammenhang von Menschwerdung und Tod, von Inkarnation *(carnem sumere)* und Kreuzigung ebendieses Fleisches *(crucem subire)* wird ähnlich herausgestellt und gleicherweise der Bezug auf das *genus humanum*, das Heil des Menschengeschlechts. Dort war das Ziel die *reconciliatio*, die Wiederversöhnung von Gott und Welt, hier wird ebendies als Statuierung eines Exempels *(exemplum)* verstanden, als Aufrichtung eines Vorbilds, das nachzuahmen ist *(ad imitandum)*, vonseiten des Menschengeschlechts offenbar.

Die christlichen Beter machen sich das so zu eigen, dass diese Erlösergeduld ihnen ein *documentum patientiae* sein sollte, eine Lehre (*documentum* von *docere* her verstanden) in Geduld. *Patientia* ist das, was man aufzubringen hat gegenüber einer *passio*, einem Schmerz, den man nicht abwenden kann. Man muss ihn aushalten. Dass das und wie das gehen könnte, ist dem Erlöser *(Salvatorem)* des Menschengeschlechts abzulesen, seiner Weise, das Kreuz auf sich zu nehmen *(crucem subire)*. Heißt das, wenn man nach diesem Exempel das besondere, unabwendbare Kreuz seines eigenen Lebens auf sich nimmt, dass man an dieser kleinen Stelle etwas beiträgt zur Erlösung des Menschengeschlechts? Die *consortia resurrectionis*, die Teilhabe an Christi Auferstehung soll, nach Ansicht der Oration, jedenfalls der Lohn sein. So werden an Palmsonntag Karfreitag und Ostern zusammengesehen.

Die Übersetzung des *Deutschen Messbuchs* lautet: „Allmächtiger, ewiger Gott, deinem Willen gehorsam, hat unser Erlöser Fleisch angenommen, er hat sich selbst erniedrigt und sich unter die Schmach des Kreuzes gebeugt. Hilf uns, dass wir ihm auf dem Weg des Leidens nachfolgen und an seiner Auferstehung Anteil erhalten." Dass es sich hier, wie der lateinische Text meint, um etwas für das ganze Menschengeschlecht Vorbildliches und eine leibhaftige Lehre der Geduld handle, wird in der Übersetzung herausgekürzt und durch die an die Sprache des Philipperbriefs erinnernde Redeweise von der Erniedrigung und Beugung unter die Kreuzesschmach ersetzt. Klang den Übersetzern diese Kreuzestheologie zu pädagogisch, zu pelagianisch vielleicht auch, sofern damit die Heilswirkung durch die Anziehungskraft eines großen Vorbilds gemeint ist? Aber hat es vielleicht auch einmal Sinn, die

Nachfolge, von der die Übersetzung des *Deutschen Messbuchs* spricht, als einen Vorgang des Lernens zu verstehen, des Lernens aus der Passion Jesu für die eigene?

Inspiriert ist die Oration offensichtlich durch den Philipperhymnus, der nach alter Tradition als Epistel am Palmsonntag vorgesehen ist. An seinem Anfang heißt es: „Seid so gesinnt wie Christus Jesus, (…) der Erscheinung nach wie ein Mensch erfunden, erniedrigte er sich selbst *(humiliavit semetipsum)* und wurde gehorsam bis zum Tod, bis zum Tod am Kreuz" (Phil 2,5–8). Das neue Lektionar hat diesen Text als 2. Lesung beibehalten, lässt ihn aber anders als die Tradition erst mit Vers 6 beginnen, d. h. verzichtet auf das einleitende *„Hoc enim sentite in vobis, quod et in Christo Jesu: …"* Ausgerechnet der Vers, der der Angelpunkt der Oration ist, ist damit im Arrangement der Liturgie entfallen. Vielleicht war das nicht ohne Einfluss auf die Übersetzung des *Deutschen Messbuchs*.

Gründonnerstag

Sacratissimam, Deus, frequentantibus cenam,
in qua Unigenitus tuus, morti se traditurus,
novum in saecula sacrificium dilectionisque suae
convivium ecclesiae commendavit, da nobis,
quaesumus, ut ex tanto mysterio plenitudinem
caritatis hauriamus et vitae.

Wir begehen das hochheilige Abendmahl.
Gottes einziger Sohn hat es, bereit, sich dem Tod
auszuliefern, seiner Kirche vermacht als neues und
ewiges Opfer und als Mahl seiner Liebe. – Wir
bitten dich, Gott, lass uns aus diesem großen
Geheimnis die Fülle der Liebe und des Lebens
schöpfen.

Die Reform des Missale Romanum hat eine vollkommen neue Gründonnerstagsoration gebracht. Die alte, seit Menschengedenken hier platzierte des tridentinischen Messbuchs wurde nicht umgearbeitet, sondern ersetzt. Um den Charakter der neuen zu erkennen, ist es sinnvoll, sich die alte vor Augen zu führen. Sie lautet in der Übersetzung des *Römischen Messbuchs*: „O Gott, von dem Judas die Strafe für seine Schuld und der Schächer den Lohn für sein Bekenntnis empfing, lass uns die Wirkung deiner verzeihenden Huld erfahren, und wie unser Herr Jesus Christus in seinem Leiden jedem der beiden nach seinen Verdiensten verschieden vergolten hat, so befreie er uns von alter Verblendung und schenke uns die Gnade seiner Auferstehung."

Das war also das erste, was der Priester zu sagen hatte, wenn in der Gründonnerstagsmesse der von Glocken, Schellen, Orgel begleitete Gloria-Jubel verrauscht war. Es war die Auftakt-Oration der Kartage. Sie kommemoriert nicht das Abendmahl, genauer gesagt, sie nimmt daraus allein die Figur des Judas auf, mit seinem Namen aber dann doch den ganzen ersten Teil jenes biblischen Berichts, der von der Ankündigung des Verrats durch einen der Tischgenossen handelt und von der Verwirrung, die das im Jüngerkreis auslöst (Mt 26,20–25 par.). Auf diesen dramatischen Moment hat fast die gesamte christliche Bildüberlieferung das Abendmahl zugespitzt. Es ist also doch allein mit diesem Namen eine Gründonnerstagsoration.

Aber sie weitet sich aus auf den Karfreitag, wenn dem Judas eine andere Figur gegenübergestellt wird, die des Schächers, des guten, der sich am Kreuz zu Jesus bekannte. Im Blick auf diese beiden wird nun das Kreuz zum Tribunal, der Gekreuzigte ist der Richter, der wie der endzeitliche Menschensohn auf seinem Thron die Menschen nach ihren Werken richtet (Mt 25,31–46). Beide erhalten ihre *stipendia meritorum*, den Lohn ihrer Verdienste, der Schächer die Verheißung des Paradieses und der Verräter den Weheruf, besser nicht geboren zu sein (Mt 26,22; 27,5). Den Gekreuzigten solcherweise als Richter vor Augen, bitten die Gläubigen, auf die richtige Seite zu kommen: „und schenke uns die Gnade seiner Auferstehung". Sie sind wohl sicher, im liturgischen Vollzug von diesem Gründonnerstagabend zum Ostermorgen zu gelangen, aber betrachten es dennoch als *gratia*, als Gnade, selbst die Auferstehung zu erlangen. Um Gnade bitten Sünder, die sehen, dass es mit ihren Werken nicht ausreicht. Der erste Teil ihrer Bitte lautet dementsprechend: „so befreie er uns von alter Verblendung". Soll damit die Judas-Gefahr benannt werden? Die Formel „von alter Verblendung *(ablato vetustatis errore)*" erinnert an Topoi antijüdischer Passionstheologie, die die Synagoge mit der Augenbinde, das Volk des Alten Bundes als verblendet ansah, und in Judas den Prototyp des Juden. Freilich bitten hier Christen für sich, dass es ihnen nicht genauso ergehe.

Diese Oration wurde abgeschafft. Vielleicht war es, wie bei den Karfreitagsfürbitten, die antijüdische Konnotation, die man nach dem 2. Vatikanum auf jeden Fall vermeiden wollte. Vielleicht war es auch der dringende Wunsch, das Kreuz Jesu nicht mehr im Zeichen des Gerichts, sondern des reinen Erbarmens zu sehen.

Die neue Oration, wer auch immer sie formuliert hat, ist eine reine Gründonnerstagsoration. Sie hat nur den zweiten Teil des Abendmahlsberichts, den von der „Einsetzung der Eucharistie" im Blick, von Judas und Jüngerunruhe weiß sie nichts, auch nicht vom Rangstreit der Jünger, der sich bei Lukas unmittelbar an jene „Einsetzung" anschließt (Lk 22,24–30), auch nichts von Gethsemaneeinsamkeit, von Jüngerschlaf, Flucht und Verleugnung der gerade sakramental Eingeweihten. Es ist davon die Rede, dass Jesus daran war, sich dem Tode zu überliefern *(morti se traditurus)*, nicht aber von der Verwicklung der anderen in diese Überlieferung. In diesem Sinne, könnte man sagen, ist eine klinisch reine Eucharistie-Oration herausgekommen.

Weil man die Substanz der kirchlichen Eucharistielehre, so wie sie die Liturgiekonstitution des 2. Vatikanischen Konzils formuliert hatte, einarbeiten wollte, ist die neue Oration, wie auf ihre Weise auch die alte, etwas überladen. Diese komplexe Sache, dass „wir" an diesem Gründonnerstagabend das Abendmahl *(cenam)* erneut feiern *(frequentantibus)*, in dem seinerseits Christus auf seinen Tod vorgriff, diese verschränkte Zeitstruktur samt der Aussage, dass es sich hier um die Einsetzung eines Sakraments handelt, das Opfer und Mahl zugleich ist – das alles sollte in einem einzigen Satz untergebracht werden.

Man kann verstehen, dass die Übersetzung des *Deutschen Messbuchs* das komplizierte Sinngefüge auflösen wollte. Sie übersetzt: „Allmächtiger, ewiger Gott, am Abend vor seinem Leiden hat dein geliebter Sohn der Kirche das Opfer des neuen und ewigen Bundes anvertraut und das Gastmahl seiner Liebe gestiftet. Gib, dass wir aus diesem Geheimnis die Fülle des Lebens und der Liebe empfangen."

Unsere Übersetzung macht den Versuch, den ersten eucharistietheologischen Teil der Oration nicht in einer Art Anamnese Gott vorzutragen, sondern die Gemeinde in einen Kenntnisstand zu setzen, aus dem, nach einer kurzen Denkpause (Gedankenstrich), eine abschließende Bitte an Gott gerichtet wird. Diese Form der Übersetzung macht das Verfahren kenntlich, in dem hier in ein Gebet Eucharistiekatechese eingearbeitet wurde.

Die von der neuen Oration vorgesehene Bitte ist einigermaßen pauschal und blendet den Passionskonfliktkontext des Gründonnerstagabends vollkommen aus. Die alte Oration hatte das auf ihre Weise im Gedächtnis gehalten. Kann man es sich an diesem Abend ersparen? Wäre es denkbar zu beten: „In dieser Nacht, Gott, in der dein Sohn auf den Tod zuging, Judas ihn verriet, die Apostel um den Primat stritten, einschliefen, als er alles durchkämpfte, flohen, leugneten, ihn zu kennen – in dieser Nacht hat er ein Mahl der Liebe und der Hingabe mit ihnen gefeiert und gesagt, das sollten sie auch in Zukunft tun. Gott, behüte deine Kirche"?

Karfreitag

Reminiscere miserationum tuarum, Domine,
et famulos tuos aeterna protectione sanctifica,
pro quibus Christus, Filius tuus, per suum cruorem
instituit paschale mysterium.

Gedenke all deiner Erbarmung, Herr, und deine
Diener, für die Christus, dein Sohn, durch sein Blut
ein neues Passahfest eingesetzt hat, schütze und
heilige immerdar.

Die Karfreitagsliturgie des tridentinischen Missales kannte kein Eröffnungsgebet, als Oration nach der 1. Lesung wiederholte sie die oben besprochene Gründonnerstagsoration, gab ihr also erneuten Nachdruck. Man kann die neue, aus dem 8. Jh. stammende Oration als deren Ersatz oder eben als eine Neufindung ansehen. Die offizielle Übersetzung des *Deutschen Messbuchs* lautet: „Gedenke, Herr, der großen Taten, die dein Erbarmen gewirkt hat. Schütze und heilige deine Diener, für die dein Sohn Jesus Christus sein Blut vergossen und das österliche Geheimnis eingesetzt hat."
„*Reminiscere miserationum tuarum, Domine*" ist wörtliches Zitat aus Ps 24 (25),6. Es handelt sich in diesem Psalm um die Bitte eines Einzelnen um Vergebung: „Gedenke deiner Barmherzigkeit, Herr, / und deiner Gnaden, denn sie sind von Ewigkeit her. / Der Sünden meiner Jugend gedenke

nicht, / nach deiner Gnade aber gedenke du meiner". Es handelt sich also nicht, wie in manchen anderen Psalmen, um das Gedenken der Heilstaten der Geschichte Israels. Eine Veranlassung, hier von den „großen Taten" zu sprechen, gibt es also nicht, es genügt, angesichts der gegenwärtigen Mühsal und Einsamkeit (Ps 24[25],16–18) an all das frühere Erbarmen zu erinnern. Der Eingang der Karfreitagsoration stellt sich in die Tradition jener Psalmen, in denen sündige und bedrückte Menschen nach Gott Ausschau halten. Es sind „deine Diener", die sich zum Gottes*dienst* versammeln.

Sie haben noch einen weiteren Titel, einen Rechtstitel sozusagen: Christus Gottessohn ist für sie gestorben, eines gewaltsamen Todes. Er hat sein Blut vergossen. Das bedeutet hier nicht nur, dass er sein Leben, das im Blut ist, hingegeben hat. Er hat „durch sein Blut *(per suum cruorem)*" etwas eingerichtet *(instituit)*, eine „Institution" geschaffen, die hier *„paschale mysterium"* genannt wird. *„mysterium"* heißt wörtlich „Geheimnis", hat aber im christlichen Sprachgebrauch zugleich eine kultische Konnotation, die Bedeutung von Sakrament oder auch Fest. An so etwas scheint hier gedacht zu sein. *„paschale mysterium"* ist eine Crux der Übersetzer. Die gültige Übersetzung hat es mit „österliches Geheimnis" übersetzt, weil Pascha christlich Ostern ist. Aber an Karfreitag und im Zusammenhang mit Blut so einfach vom Ostergeheimnis zu sprechen, klingt etwas kontextfremd. Unsere Übersetzung schlägt deshalb „neues Passahfest" vor. Mit diesem Ausdruck wird zugleich auch die Beziehung zu Blut einsichtig, spielt doch eben beim jüdischen Passahfest das Blut eine zentrale Rolle. Man soll ein Lamm schlachten und mit dem Blut die Türpfosten bestreichen, damit der Herr in

Ägypten an den so bezeichneten Häusern vorübergehe und die darin wohnenden Israeliten verschone. „Es ist Pascha (Vorübergang) des Herrn" (Ex 12,11). Das am Kreuz vergossene Blut Christi wird in diese kultische Tradition hineingestellt. Er ist im menschlichen Fleisch das Lamm, durch dessen Blut nun das geschehen soll, was den Israeliten durch das Lammblut in Ägypten widerfuhr: Verschonung. So bitten die Beter der christlichen Karfreitagsoration ihrerseits, vor dem Verderben beschützt und von Gott heiliggehalten zu werden *(protectione sanctifica)*. Aus dem extrem existentiellen Ereignis des Kreuzestods Jesu entsteht ein neues Passah.

„Die Feier vom Leiden und Sterben Christi" wird mit diesem Eröffnungsgebet unter das Vorzeichen der alttestamentlichen Passahtradition gestellt. Dass dies von keiner der nachfolgenden Lesungen aufgegriffen und entfaltet wird, ist erstaunlich. Das Lektionar der tridentinischen Karfreitagsliturgie hatte als zweite Lesung Ex 12,1–11, eben die Geschichte vom Auszug aus Ägypten und vom Passahlamm. Dieser Text ist in der neuen Leseordnung zum Gründonnerstag hinübergewandert, wo er sicher auch gut platziert ist. Am Karfreitag bleibt so freilich das kurze Eröffnungsgebet ohne weitere Resonanz im Gefüge des liturgischen Gedächtnisses.

Osternacht

Omnipotens sempiterne Deus, qui es in omnium operum tuorum dispensatione mirabilis, intelligant redempti tui, non fuisse excellentius, quod initio factus est mundus, quam quod in fine saeculorum Pascha nostrum immolatus est Christus.

Allmächtiger, ewiger Gott, wunderbar bist du in der Anordnung all deiner Werke. Möchten doch deine Erlösten verstehen, dass die im Anfang geschaffene Welt nicht großartiger ist als das Passahlamm, das am Ende der Zeiten geopfert wurde, Christus.

Dass das Thema der Schöpfung den äußersten Rahmen der ganzen Osternachtfeier abgeben soll, zeigt sich in der Eröffnung des Lesegottesdienstes. Da steht seit alters *primo loco* die Lesung des Schöpfungsberichts Gen 1,1 – 2,2. Als Antwortgesang ist der große Schöpfungspsalm 104 (103) vorgesehen, mit der V 30 entnommenen Antiphon „Sende aus deinen Geist, und das Antlitz der Erde wird neu". Lesung und Psalm werden abgeschlossen mit der Oration.
Die Bitte der Oration ist auf die Intelligenz der Erlösten gerichtet, dass sie das, was hier zu feiern ist, richtig verstehen: *„intelligant redempti tui"*. Es steht außer Frage: Gott ist wunderbar *(mirabilis)*. Wie er alles eingerichtet hat, das ganze

Weltwerk, ist zu bewundern. Aber da gibt es einen Unterschied zwischen dem, was im Anfang geschehen ist *(quod initio factus est mundus)* und dem am Ende der Zeiten: dass Christus als unser Osterlamm geopfert ist. Zwischen diesen beiden Gotteswerken wird nun eine Exzellenzbeziehung („*non fuisse excellentius*") aufgemacht: Die Schöpfung überragt als Werk Gottes nicht das Paschaopfer Christi. Das sollen die Erlösten begreifen. Darum bittet die Oration. Wenn Gott in dieser Sache eigens angegangen wird, so sieht man offenbar eine Gefahr, die Ansicht nämlich, dass die Schöpfung, die gerade in der Genesislesung und dem großen Schöpfungspsalm so grandios vor Augen gestellt wurde, es doch eigentlich schon ist, das große Werk Gottes, das zu feiern ist. Es geht in diesem Gebet also um die Wertschätzung der Erlösung, dass dieses Werk Gottes von gleichem Rang ist wie die Schöpfung der Welt überhaupt, dass sie also kosmische Qualität hat.

Dass die *redemptio mirabilius* sei als die *creatio* wird hier, im Unterschied zu anderen Orationen, nicht ausdrücklich gesagt. Die Übersetzung des *Deutschen Messbuchs* verschiebt den Akzent in diese Richtung, wenn sie übersetzt: „Allmächtiger Gott, du bist wunderbar in allem, was du tust. Lass deine Erlösten erkennen, dass deine Schöpfung groß ist, doch größer noch das Werk deiner Erlösung, die du uns in der Fülle der Zeit geschenkt hast durch den Tod des Osterlammes, unseres Herrn Jesus Christus." Die lateinische Fassung ist wohl der Ansicht, dass mit wirklich realisierter Äquivalenz auch schon viel gewonnen wäre.

Ostersonntag

Deus, qui hodierna die, per Unigenitum tuum, aeternitatis nobis aditum, devicta morte, reserasti, da nobis, quaesumus, ut, qui resurrectionis dominicae sollemnia colimus, per innovationem tui Spiritus in lumine vitae resurgamus.

Gott, du hast uns am heutigen Tag durch deinen eingeborenen Sohn, durch seinen Sieg über den Tod, Zugang verschafft zur Ewigkeit. Lass uns, wir bitten dich, in der Feier der Auferstehung des Herrn durch deinen Geist erneuert, auferstehen im Licht des Lebens.

Ostern ist im Blick der Oration, wie ja dann auch in vielen Osterliedern, ein Siegesfest. Gefeiert wird der Sieg über den Tod. Der Tod ist der entscheidende Zeitindex unserer Existenz. Unser Leben endet irgendwann, es ist endlich. Die Menschheitsgeschichte ist voll von Gedanken und Versuchen, diesem Faktum irgendeinen Sinn abzugewinnen oder zuzusprechen. Die Osteroration spricht vom Tod Christi, der ja der frühe Tod eines Menschen von dreißig Jahren war, der Tod eines Mannes mit großen Ambitionen, der Ankündigung von Gottes anbrechendem Reich, der Tod des Gottessohns. Sieg über den Tod heißt nicht, dass dieses Sterben verhindert wurde. Er ist gestorben, wie alle Menschen vor ihm gestorben sind. Aber dieser besondere Tod sollte ein Durchbruch sein für alle, die schon gestorben waren und in Zukunft noch sterben würden.

Die Oration spricht vom *aditus aeternitatis*, dem Zugang zur Ewigkeit. Ewigkeit ist der Raum Gottes. Der soll zugänglich werden für die sterblichen Menschen. Das endliche Leben wird nicht ins Unendliche hinein verlängert, es wird als solches, wie es in seiner singulären Begrenztheit war, als ewig gültig und erhaltenswert von Gott an- und aufgenommen. Das ist hier der Sieg über den Tod, der von sich aus diese Einzelleben allesamt im Sand des kosmischen Vergessens verlaufen lässt. Die Menschheit dieses kleinen Planeten wird in Gott hinein gerettet, für immer, wie es in einem alten Osterlied heißt: „Wär er nicht erstanden, / so wär die Welt vergangen. // Weil er nun erstanden ist, / so freut sich alles, was da ist." Diese Verbindung von „Auferstehung der Toten" und „ewigem Leben *(vitam venturi saeculi)*", wie sie im Schlussssatz des Credo festgehalten wird, das ist in der Sicht der Oration der zentrale Gehalt, der zu feiern ist bei den *resurrectionis dominicae sollemnia*. In der festlichen Begehung ist der „heutige Tag *(hodierna die)*" dieser Tag des Siegs über den Tod.

An diese Anamnese des großen Anlasses könnte sich die einfache Bitte anschließen, dass wir das begreifen und uns darüber auch zu freuen vermögen, dass es Mut im Leben und Trost im Sterben sein möchte. Die tridentinische Fassung, deren erster Teil in die neue übernommen wurde, hatte nach *reserasti* einen anderen Text: *„vota nostra, quae praeveniendo aspiras, etiam adiuvando prosequere"* – „begleite unsere Wünsche, die deine zuvorkommende Gnade uns eingibt, auch weiterhin mit deinem Beistand." Das klingt sehr allgemein und nicht spezifisch österlich. Aber wenn man es auf die Exposition des ersten Teils bezieht, so könnte man in dieser Bitte auch den Versuch sehen, unsere Wünsche *(vota nostra)* dazu in Beziehung zu setzen, für das „Frohe Ostern", das man sich und anderen wünscht, einen Anhalt zu finden und jetzt am Anfang des Ostergottesdienstes auch nicht mehr zu wünschen, als dass das im ersten Teil der Oration Geäußerte ganz in Herz und Verstand übergehe.

Den Bearbeitern der liturgischen Texte ist dieser überkommene zweite Teil offenbar zu wenig österlich erschienen. Sie haben ihn ausgetauscht, dabei aber nicht zurückgegriffen auf die ursprüngliche gelasianische Fassung aus dem 8. Jh., in der die Bitte lautete: *„ut per innovationem tui spiritus a morte animae resurgamus"*[1] – „dass wir, durch deinen Geist erneuert, auferstehn aus dem Tod der Seele". Die Beziehung von Auferstehung und Geist spielt im paulinischen Denken eine Rolle: „Wenn der Geist dessen, der Jesus von den Toten auferweckt hat, in euch wohnt, dann wird er, der Christus Jesus von den Toten auferweckt hat, durch seinen Geist, der in euch wohnt, auch euren sterblichen Leib lebendig machen" (Röm 8,11). Die Auferweckung Jesu aus dem Tod wird hier der lebenschaffenden Macht des Gottesgeistes zugeschrieben. Dieser totenerweckende Lebensgeist hat sich im Innern der Gläubigen angesiedelt; diese Einwohnung macht sie zu Christen und begründet die Aussicht, dass auch ihr sterblicher Leib, wie bei Christus, vom Geist Gottes verlebendigt wird. Die Oration könnte sich darauf beziehen, aber sie spricht nicht, wie Paulus, von den *mortalia corpora*, sondern von der *mors animae*, dem Tod, dem Erstorbensein der Seele. Aus dem engen Zusammenhang, den die Oration hier zu den *resurrectionis dominicae sollemnia*, zur gerade sich vollziehenden festlichen Osterfeier sieht, liegt es nahe, diese geistige Neubelebung der Seele als etwas zu verstehen, das sich jetzt vollziehen soll, nicht erst als Rettung der Seele aus dem ewigen Tod, woran die Totenliturgien denken.

Dies frühmittelalterliche Interesse an der Seele hat den Bearbeitern der Liturgie offenbar nicht behagt, sie haben es jedenfalls nicht aufgegriffen. Es heißt nun: „*da nobis, quaesumus, ut, per innovationem tui Spiritus in lumine vitae resurgamus*" – „lass uns, erneuert durch deinen Geist, auferstehen im Licht des Lebens". Der Satz ist in seinem Zeitsinn nicht ganz klar. Das Neue Testament kennt zwei temporale Modi der Rede von der Auferstehung. Der erste ist das Futur, wie es am breitesten im 15. Kapitel des 1. Korintherbriefs ausgeführt wird: Die Toten werden auferstehen; der zweite ist die Vergangenheit, wie es z. B. im Kolosserbrief heißt: „… indem ihr mit ihm begraben worden seid in der Taufe; und in ihm seid ihr auch mitauferweckt worden durch die Wirkkraft Gottes, der ihn von den Toten auferweckt hat." (Kol 2,12). „Seid ihr nun mit Christus auferweckt, so suchet, was droben ist, wo Christus ist, sitzend zur Rechten des Vaters" (Kol 3,1). Das erste ist im Modus der Zukunft ein eschatologisch-kosmologisches Verständnis von Auferstehung, das zweite im Modus der Vergangenheit ein sakramental-existentielles.

Was nun meint der Satz der Oration? Soll das, was im ersten Teil „Zugang zur Ewigkeit" heißt, näher bestimmt werden, dass die „*aeternitas*" „*lumen vitae*" ist, wie es in der bekannten Fürbitte für die Toten heißt: „Herr, gib ihnen das ewige Leben. Und das ewige Licht leuchte ihnen"? Würde mit dieser neuen Fassung also nur dem Verdacht gewehrt, „Ewigkeit" könnte etwas Dunkles, Steinernes sein, also letztlich nur der perpetuierte Tod? Und dass es sich hier um eine neue Art von Leben handle, verdanke sich der Lebenskraft des Gottesgeistes *(per innovationem tui Spiritus)*?

Die Rede von dem lebenerneuernden Geist gehört andererseits in das Vorstellungsfeld der Taufe. Aber die Oration bezieht sich nicht auf Vergangenes, sagt nicht, dass wir mit Christus schon auferstanden seien, sondern *„resurgamus"*, „dass wir auferstehen". Meint sie etwas Präsentisches? Dass wir jetzt durch die liturgische Osterfeier *(qui resurrectionis dominicae sollemnia colimus)* so etwas wie einen spirituellen Innovationsschub erhalten sollten, der uns instand setzt, als lebendige Kinder des Lichtes zu leben? Das ginge in die Richtung der alten gelasianischen Fassung, die vom Auferstehn aus dem Tod der Seele spricht.

Die neue Fassung, die auf den ersten Blick der alten tridentinischen gegenüber als großer österlicher Gewinn anmutet, ist weniger klar, als man es sich für diesen kurzen Eingangstext der Liturgie am hochheiligen Osterfest wünscht. Vielleicht ist es ein ähnliches Phänomen wie das bei der Oration des Gründonnerstags konstatierte. Die Intention, den Text theologisch auszubessern, führt zu Überfrachtung oder Verunklarung. Solche Beobachtungen werden die liturgische Zentralverwaltung kaum zu Revisionen veranlassen. Ob landessprachliche Übersetzer zu eigenen Fassungen übergehen, steht dahin. Vielleicht nehmen sie die Konsistenzerwartung auch nicht so ernst und addieren die Motive einfach, wie in der Fassung des *Deutschen Messbuchs*, wo es heißt: „Allmächtiger, ewiger Gott, am heutigen Tag hast du durch deinen Sohn den Tod besiegt und uns den Zugang zum ewigen Leben erschlossen. Darum begehen wir in Freude das Fest seiner Auferstehung. Schaffe uns neu durch deinen Geist, damit auch wir auferstehen und im Licht des Lebens wandeln."

Anmerkung

1   Zit. nach Pascher, Die Orationen 3, 22.

2. Sonntag der Osterzeit

Deus misericordiae sempiternae, qui in ipso paschalis festi recursu fidem sacratae tibi plebis accendis, auge gratiam quam dedisti, ut digna omnes intelligentia comprehendant, quo lavacro abluti, quo spiritu regenerati, quo sanguine sunt redempti.

Gott ewigen Erbarmens, durch die Feier des Osterfestes selbst entfachst du immer neu den Glauben deines Volkes, vermehre die uns geschenkte Gnade, damit alle wirklich begreifen, mit welchem Wasser sie gewaschen, aus welchem Geist sie wiedergeboren, mit welchem Blut sie losgekauft sind.

Auch diese Oration hat eine vormals einfachere abgelöst, in der es hieß: „Wir bitten dich, allmächtiger Gott: Lass uns, die wir nunmehr am Ende der Osterfeier stehen, diese mit deiner Gnade in Benehmen *(moribus)* und Lebenswandel *(vita)* beibehalten." Was die *paschalia festa* sind, hat man eine Woche lang genügend traktiert, jetzt bleibt nur noch der Wunsch, dass davon etwas in der alltäglichen Lebensführung hängen bleibt.

Das konnte man bei der Revision so nicht lassen, weil nach neuem Liturgieverständnis die Osterfeier nicht mit dem

Weißen Sonntag, sondern erst mit Pfingsten zu Ende geht. Aber man hat es wohl auch als theologisch zu mager empfunden, woraus wiederum eine gewisse theologische Überfütterung hervorgegangen ist.

Die Übersetzung des *Deutschen Messbuchs* hat deshalb verständlicherweise das ein oder andere ausgekämmt. Sie lautet: „Barmherziger Gott, durch die jährliche Osterfeier erneuerst du den Glauben deines Volkes. Lass uns immer tiefer erkennen, wie heilig das Bad der Taufe ist, das uns gereinigt hat, wie mächtig dein Geist, aus dem wir wiedergeboren sind, und wie kostbar das Blut, durch das wir erkauft sind." Das *Deus sempiternae misericordiae* wurde auf ein einfaches „Barmherziger Gott" zurückgenommen, das *sacratae tibi plebis* auf ein simples „deines Volkes", das umständliche *„auge gratiam quam dedisti, ut digna omnes intelligentia comprehendant"* wurde in ein schlichtes „Lass uns immer tiefer erkennen" transponiert. Das *accendis* wurde mit „erneuerst" etwas weniger feurig gefasst.

Die semantische Ausnüchterung gab dann Raum, den Text an anderer Stelle wieder etwas aufzufüllen. Die Antwort auf das offene, ein wenig enigmatische *„quo, quo, quo"*, das die Gläubigen wohl rhetorisch anspornen soll, über Wasser, Geist und Blut nachzudenken, um zu begreifen, was damit an ihnen geschehen ist, wird schon ein bisschen vorweggenommen: Das Wasser ist „das heilige Bad der Taufe", der Geist ist „mächtig", das Blut „kostbar". Dieses bibeldidaktische Entgegenkommen ist nicht zwingend, das dreimal parallele „mit welchem" hat auch rhetorische Qualität, zumal es erlaubt, die redensartliche Wendung „Mit allen Wassern gewaschen" anklingen zu lassen.

Ist mit den durchaus verständlichen Kürzungen im ersten Teil etwas Wichtiges verlorengegangen? Das *accendis* des lateinischen Textes stellt eine Verbindung von Osterfeier und Osterfeuer her, Letzteres hier verstanden als eine im Volke Gottes versteckte Glaubensglut, die liturgisch angefacht werden sollte. Die Oration unterstellt, dass das Gott mit der diesjährigen Osterliturgie gelungen ist, ein Gedanke, der pastoralliturgisch bedenkenswert ist. Dass es so etwas wie eine zu vermehrende Gnade des Begreifens *(comprehendant)*, der christlich angemessenen Intelligenz *(digna intelligentia)* gibt und dass man Gott um solchen Zuwachs bitten kann, ist ebenfalls nachdenkenswert. Es bewahrt die anschließenden drei Fragen auch davor, als Katechismusfragen missverstanden zu werden. Unsere Übersetzung macht den Versuch, was theologisch belangreich schien, einigermaßen ins Deutsche zu retten. Dass die lateinische Fassung übergewichtig ist, kann sie nicht verheimlichen.

3. Sonntag der Osterzeit

Semper exsultet populus tuus, Deus, renovata animae iuventute, ut, qui nunc laetatur in adoptionis se gloriam restitutum, resurrectionis diem spe certae gratulationis exspectet.

Gott, die Osterfreude deines Volkes möge anhalten, hast du ihm doch von Neuem jugendlichen Geist verliehen und in der Annahme an Sohnes statt sein Ansehen wiederhergestellt. Darüber erfreut, möge es den Tag der Auferstehung erwarten in der Hoffnung sicheren Glücks.

Auch dieses Tagesgebet ist neu. Die früher an diesem Sonntag vorgesehene, eigentlich ganz schöne und auch zur Osterzeit passende Oration hat nun am 14. Sonntag im Jahreskreis ein Unterkommen gefunden. Der Grund für den fröhlichen Tausch liegt nicht unmittelbar auf der Hand.
Durchlaufendes Thema ist die Freude: *exsultet, laetatur, gratulationis*. Das *exsultet* erinnert an das *Exsultet* des großen Lobgesangs am Anfang der Osternachtfeier. Während es dort ein Hortativ ist, ein Aufruf an die Chöre der Engel, mit dem Osterjubel einzusetzen, scheint es hier im Zusammenhang eines Gebets eher eine Bitte an Gott zu sein, sein Volk jubeln zu lassen, und zwar *semper*, immerzu, allezeit. Solch ein Gedanke begegnet einmal an einer anderen Stelle der Liturgie;

der Introitusvers des 3. Adventssonntags setzt ein: *„Gaudete in Domino semper"*, und weil das nicht gleich zu verstehen ist, geht es weiter: *„et iterum dico gaudete"* – „ich sag es noch einmal ..." Es ist ein Zitat aus dem Philipperbrief (Phil 4,4). Als Begründung wird dort nur gesagt: *„in Domino"* – „Freut euch allezeit im Herrn".

Hier, in der nachösterlichen Oration, ist die Begründung etwas umständlicher, verpackt in einen Ablativus absolutus: *„renovata animae iuventute"*. Wie soll man das verstehen und übersetzen? Die Übersetzung des *Deutschen Messbuchs* sagt: „denn du hast deiner Kirche neue Lebenskraft geschenkt"; sie sagt also statt „dein Volk" gleich „deiner Kirche" und versteht die Renovation als Überwindung einer gewissen vitalen Schwäche, als Mitteilung von Lebenskraft; nicht Kraft durch Freude, sondern Freude durch Kraft, seelische gewiss *(animae)*. Das Wort *iuventus*, das wörtlich „Jugend", „Jugendlichkeit" meint, wird hier im Sinne von Vitalität interpretiert.

In der nachfolgenden Textpassage findet sich noch einmal ein Wiederherstellungsterminus; statt *renovata* heißt es nun *restitutum* – wiederhergestellt, in den früheren Stand versetzt. Was aber wird wiederhergestellt? Es scheint, das Volk selbst: *laetatur se restitutum*. Und der frühere Stand wäre die *gloria adoptionis*, die Ehre, das Ansehen der Adoption an Kindes statt, die Herrlichkeit der Kinder Gottes? Aber war das Volk Gottes einmal in diesem Stand, dass er wiederhergestellt werden könnte? Oder ist die Adoption einzelner Menschen durch Gott nicht überhaupt erst der Gründungsakt dieser neuen *familia Dei*, die man dann auch als Volk Gottes bezeichnen kann, so dass man statt von *restitutum* eher von *institutum* – „eingesetzt" zu sprechen hätte?

Im Text rückblickend stellt sich die Frage, wie sich dieser Stand eines Adoptivkinds zu der vorher genannten *iuventus* verhält. Die mit dem Taufakt verbundene Einsetzung in den Status eines Kindes Gottes wird üblicherweise als ein Akt der Wiedergeburt verstanden und sakramental begangen. Es geht nicht um seelische Verjüngung *(renovata animae iuventute)*, sondern um vollkommen neuen Lebensanfang, Kindsein, nicht Jungsein.

Der erste Teil der Oration steht im optativischen Konjunktiv: *exsultet*. Gott soll offenbar angegangen werden, dass sich sein Volk über die (zu Ostern?) erfolgte Verjüngung auch wirklich freut, dass etwas, was objektiv geschehen ist, auch in die Emotion durchschlägt, und zwar anhaltend, nachhaltig, wie man das *semper* hier vielleicht verstehen kann. Im zweiten Teil der Oration scheint diese Bitte dann offensichtlich schon erfüllt, steht doch das *laetatur* im Indikativ, *nunc laetatur*, es freut sich jetzt schon, das Volk Gottes. Während die Bitte ein Desiderat im Hinblick auf eine mögliche Emotionslosigkeit des christlichen Osterglaubens formuliert, wird nun eine Behauptung aufgestellt über ein präsentisches *(nunc)* Faktum, das empirischer Überprüfung vielleicht nicht standhalten könnte.

Die Prämisse gegenwärtiger Adoptionskinderfreude ist dann im letzten Teil der Oration die Grundlage einer in Form eines *ut*-Satzes an den Anfang angeschlossenen Konsequenz, dass nämlich das Volk den Tag der Auferstehung *spe certae gratulationis* erwartet, in der Hoffnung auf einen sicheren, gewissen Freudentag. Wie sich *spes* und *certitudo,* Hoffnung also und Gewissheit, hier genau zueinander verhalten, ist nicht ganz klar.

Unsere sprachliche Bemühung um den grammatisch ambitionierten Text hat kein wirklich überzeugendes Bild der Sinnlogik des Textes ergeben. Man kann verstehen, dass die Übersetzung des *Deutschen Messbuchs* den Sinn des komplizierten Gefüges in eine lockere Paraphrase zu retten sucht: „Allmächtiger Gott, lass die österliche Freude in uns fortdauern, denn du hast deiner Kirche neue Lebenskraft geschenkt und die Würde unserer Gotteskindschaft in neuem Glanz erstrahlen lassen. Gib, dass wir den Tag der Auferstehung voll Zuversicht erwarten als einen Tag des Jubels und des Dankes."

Die oben versuchte neue Übersetzung ist nicht mehr als ein Notbehelf. Die Fragen formulieren Sinnunsicherheiten, die ein einfaches Tagesgebet zu Beginn der Messe eigentlich nicht heraufbeschwören sollte. Zu fragen ist, ob das schon eine Sache des altgelasianischen Textes selbst oder eine Folge seiner neueren Bearbeitung ist. J. Pascher hat in seinem Orationen-Werk folgende Fassung als die ursprüngliche mitgeteilt: „*Populus tuus, quaesumus, domine, renovata semper exsultet animae iuventute, ut qui ante peccatorum veternoso in mortis venerat senio, nunc laetetur in pristinam se gloriam restitutum.*"[1] – „Dein Volk, Herr, freue sich allezeit, dass es geistig wieder jung geworden ist. Zuvor in die tödliche Altersschwäche der Sünden geraten, möge es nun sich freuen, dass die frühere Herrlichkeit wieder da ist."

Das ist eine andere Oration. Auch sie ist nicht einfach gebaut, aber sie ergibt ein einleuchtendes Sinngefüge. Der *iuventus* steht nun das *senium veternosum* gegenüber. *Senium* bedeutet Altersschwäche, Entkräftung, auch Trübsinn, Senilität; *veternosus*, von *vetus* abgeleitet, bedeutet schlaff, schläfrig, veteranig. Der Jugend steht nun Vergreisung gegenüber, der Jugendfrische Alterstrübsinn. Es ist die tödliche *(mortis)* Altersschwäche der Sünden *(peccatorum)*, aus der Gottes Volk herausgekommen ist; es wurde seelisch verjüngt *(renovata animae iuventute)*. Bemerkenswert an dieser Vorstellung ist, dass Sünde mit seelischer Vergreisung in Zusammenhang gebracht wird, mit Altersstarrsinn und Altersschwachsinn, die den Menschen in Todesnähe bringen, nicht, wie es im Rahmen bürgerlich geordneten Christentums erscheinen könnte, mit unbändiger Jugend. Vielleicht ist an diesem nachösterlichen Sonntag, der üblicherweise in den Mai fällt, auch daran zu denken, dass so, wie die Natur draußen ergrünt und erblüht, auch die Christgläubigen aus Seelenwinterzeit wieder auftauchen könnten.

Erst aus dem Gegensatz, den die Urfassung der Oration aufmacht, wird das behauptete freudige Gefühl eines geistigen Frühlings irgendwie verständlich. Die Umarbeitung hat diesen Gegensatz unkenntlich gemacht, indem sie den gängigen Topos der Adoptionskindschaft eingesetzt und obendrein noch eine Schlussformel *(resurrectionis diem ...)* aus einem anderen Orationstext hinzuaddiert hat. Theologisch interessant wäre, was an der ursprünglichen Fassung so missfiel, dass man es ändern zu müssen glaubte. Schien den ehrwürdigen Bearbeitern dieser christliche Jugendlichkeitswahn angesichts der kirchlichen Realität doch etwas übertrieben?

Anmerkung

1   Pascher, Orationen 3, 49.

4. Sonntag der Osterzeit

Omnipotens sempiterne Deus, deduc nos ad societatem caelestium gaudiorum, ut eo perveniet humilitas gregis, quo processit fortitudo pastoris.

Allmächtiger, ewiger Gott, führe uns hin zur Gemeinschaft himmlischen Glücks, dass die einfache Herde dorthin gelangt, wohin der tapfere Hirte schon vorausgegangen ist.

Der 4. Sonntag der Osterzeit ist der „Sonntag des Guten Hirten". Das Evangelium ist in allen drei Lesejahren der Hirtenrede des Johannesevangeliums entnommen (A: Joh 10, 1–10; B: Joh 10,11–18; C: Joh 10, 27–30). Da das Lektionar der Osterzeit prinzipiell das Alte Testament meidet, hat die große Hirtenrede aus dem Propheten Ezechiel (Ez 34) hier leider keine Chance. Aber das Tagesgebet intoniert das Thema gleich zu Beginn des Gottesdienstes.
Die Oration stellt einen Hirten vor Augen, ohne ihn beim Namen zu nennen. Sie spricht von der *fortitudo pastoris*, der Tapferkeit dieses Hirten. *Fortitudo* kann physische Kraft bedeuten, die man als Hirte sicher brauchen kann, aber im vorliegenden Zusammenhang ist wohl an seelische oder geistige Stärke gedacht, wie in der klassischen Tugendlehre, wo *fortitudo* eine der vier Kardinaltugenden ist. Thomas v.

Aquin definiert: *„fortitudo confirmat animum hominis contra maxima pericula, quae sunt pericula mortis"* (Sth 2/2 q 123 a 5 cp). – „Die Tapferkeit stärkt den Geist des Menschen gegen die größten Gefahren; das sind die Gefahren des Todes." Der Hirt wird in der Verbindung mit der *fortitudo* gleich beim Äußersten gefasst. Er ist kein bukolischer Schäfer, der, auf seinen Stab gestützt, versonnen dem gemächlichen Treiben seiner Herde zusieht, wie in manchen romantisch-verträumten Bildern der Romantik. Er ist in Gefahr, in der äußersten Gefahr des Todes.

Das ist das Bild des Hirten, wie es im 10. Kapitel des Johannesevangeliums vor Augen gestellt wird. Der Hirt gerät in Todesgefahr, weil er seine Herde zu verteidigen hat gegen den über sie herfallenden Wolf. Der Angriff gilt nicht ihm, sondern den Schafen, aber es sind seine Schafe, seine eigenen. Er flieht nicht, um sein eigenes Leben zu retten. Er bleibt, und in ihrer Verteidigung gerät er selbst in Lebensgefahr. Jesus von Nazaret bezieht diese Bildrede auf sich: „Ich bin der gute Hirt; der gute Hirt gibt sein Leben für seine Schafe" (Joh 10,11). Der gute Hirt ist hier der tapfere, der, um die Herde zu retten, den eigenen Tod nicht scheut. Dieser Hirt schlägt den Feind nicht in die Flucht, um mit seiner Herde glücklich von dannen zu ziehen. Er wird getötet.

Dieser Tod wird aber nun nicht als das Ende des Hirten betrachtet, sondern als ein Weg: *processit* – „er ist vorausgegangen". Die Oration stellt ihn vor als tapferen Hirten, der seiner Herde vorangeht, nicht sie von hinten antreibt, mit Hunden hetzt, selber verängstigt, sondern vorangeht. Das Vorangehen ist der Durchgang durch die Furt des Todes auf die andere Seite. Er hat die Herde nicht im Stich gelassen, sondern einen Weg gebahnt, auf dem sie nachkommen kann und soll.

Was beim Hirten die *fortitudo* ist, ist bei der Herde die *humilitas*. Der Anblick einer Schafherde auf dem Feld kann in diesen Eindruck der *humilitas* zusammenschießen: zur Erde geneigt dahintrottend, schreckhaft, bodennah, bescheiden, demütig. Es ist das Bild, das auch in der Hirtenrede bei Ezechiel vor Augen geführt wird: hilflose, wehrlose, von den Mächtigen ausgebeutete Lebewesen. Für sie, sagt die Oration, hat sich der tapfere Hirte eingesetzt, um sie durch die Furt des eigenen Todes hindurchzubringen in ein besseres Land. Dies ist der zweite Teil des Tagesgebets, der mit wenigen Worten den ganzen biblischen Hirtenkomplex aufruft.

Der erste Teil ist eine an Gott, den Allmächtigen, Ewigen gerichtete Bitte. Auch hier ist an einen Übergang gedacht, ein Hinübergeleitetwerden von hier nach dort: *deduc nos*. Wohin? *„ad societatem caelestium gaudiorum"*. Das *societatem* kann man im Sinne von *participationem* verstehen; es ginge um die Teilhabe an den himmlischen Freuden. Denkbar wäre auch, dass jene Welt, in die man zu gelangen wünscht, selbst als eine Gemeinschaft des Glücks herausgestellt würde. Die sich das höchste Glück nur in einsiedlerischer Seligkeit allein mit Gott, dem höchsten Gut, zu denken vermögen, würden in die Demut hereingeholt, doch schließlich nur zusammen, *in societate* mit der Menschheit, zur Seligkeit gelangen zu können. *societas caelestium gaudiorum* – Zusammensein von gottseligen Individuen, wie das der Sterne am Himmel, die einzeln für sich strahlen, sich hier und da zu Sternbildern zusammenfinden und alle zusammen das große Gewölbe bilden. Ist es nach Meinung der Oration so etwas, wohin der allmächtige Gott uns führen möge?

Wie aber verhält sich dieser von Gott erbetene Übergang zu dem Vorausgang des Hirten in der Konsequenz des Nachsatzes? Steht, ohne dass das ausgesprochen würde, auch im ersten Teil die Figur des Hirten im Hintergrund? In der Hirtenrede bei Ezechiel ist Gott selbst der gute Hirt: „Siehe, ich selbst will nach meinen Schafen fragen, will nach ihnen sehen. Wie ein Hirte nach seiner Herde sieht am Tage des Unwetters, wenn seine Schafe versprengt sind, so werde ich nach meinen Schafen sehen und sie erretten von allen Orten, wohin sie zerstreut worden sind am Tage des Gewölks und des Dunkels. Und ich werde sie aus den Völkern herausführen *(educam)* und sie aus den Ländern sammeln; ich werde sie in ihre Heimat führen *(inducam)*" (Ez 34,11–13). Da fallen die Stichworte *educam, inducam,* die man in dem *deduc* der Oration aufgenommen sehen könnte. Bei Ezechiel ist die Heimat der Herde das schöne Weideland Israel (Ez 34,13f.). In der Perspektive der Oration wären das nun die *caelestia gaudia,* statt der schönen „Berge Israels" (Ez 34,13f.) der Himmel selbst.

Könnte man so auch im Hintergrund des ersten Teils der Oration das Bild des Hirten erkennen, so würde der zweite Teil, in dem ja Jesus der Hirte ist, nicht Gott selbst, anzeigen, wie Gott es anstellt, nicht mehr nur Israel in seine irdische, sondern die Menschenherde überhaupt in ihre himmlische Heimat zu bringen – durch seinen Sohn und dessen tapferen Tod.

Der „Sonntag des Guten Hirten" ist laut oberhirtlicher Verordnung der „Gebetstag für geistliche Berufe". Dass sich die kirchlichen *pastores* an den einen guten Hirten anzuhängen versuchen, ist verständlich. Ob es auch riskant ist, hängt davon ab, wie man die Schrift versteht. In der großen alttestamentlichen Hirten-Perikope ist die Herausstellung Gottes als des einen wahren Hirten verbunden mit massiver Kritik an den Hirten Israels, der politischen und religiösen Führungsschicht des Volkes; im Johannesevangelium ist es nicht anders, wenn Christus, der sein Leben einsetzt für seine Schafe, denen gegenübergestellt wird, die Mietlinge sind. Natürlich kann man sagen, dass solche Kritik nur für die einstigen Israel-Hirten oder die irreführenden Irrlehrer-Hirten der apostolischen Zeit gelte, nicht für die guten Hirten und Oberhirten der heutigen christlichen Kirchen, die doch als geweihte *pastores* nur Stellvertreter des einen guten Hirten seien. Doch rät die Kirchengeschichte bis in die Gegenwart hier zur Vorsicht.

Die Oration spricht von der *humilitas* der Herde insgesamt. Es geht um die ganze Herde, ohne Unterscheidung von Ober- und Niederschafen, unterschiedslos, demütig und bescheiden, am Boden. Denn es geht darum, Ostern zu buchstabieren, hier eben mit dem Bild des Hirten. Dieses Anliegen wird im Übrigen im Schlussgebet des Sonntags noch einmal aufgegriffen, wo es heißt: „*Gregem tuum, Pastor bone, placatus intende, et oves, quas pretioso Filii tui sanguine redemisti, in aeternis pascuis collocare digneris.*" – „Auf deine Herde, guter Hirte, achte in Güte, und die Schafe, die du durch das kostbare Blut deines Sohnes erlöst hast, bringe zum ewigen Weidegrund."

Die von uns vorgeschlagene Übersetzung des Tagesgebets hat das lateinische *fortitudo* beim Wort genommen, mit dem

Wort „tapfer" aber damit natürlich einen Ausdruck gewählt, der christologisch nicht gerade üblich ist und vielleicht auch in der Tugendlehre gegenwärtig nicht an erster Stelle steht. Die Übersetzung des *Deutschen Messbuchs* hat stattdessen „siegreich" gewählt. Das ist üblicher, aber entspricht es dem Bild des Hirten? Und ist nicht bei der Passion des Hirten von Gethsemane an bis zuletzt an eine eigentümliche Tapferkeit zu denken, in der er das alles durchstand, und könnte das das durch manche Militärgeschichten in Misskredit gebrachte Wort „tapfer" vielleicht in einem menschlich bedeutsamen Sinn wiederbeleben?

Die ganze Übersetzung des *Deutschen Messbuchs* lautet: „Allmächtiger, ewiger Gott, dein Sohn ist der Kirche siegreich vorausgegangen als der gute Hirt. Geleite auch die Herde, für die er sein Leben hingab, aus aller Not zur ewigen Freude." Der nicht einfach zu übersetzenden *humilitas* ist sie, wie der *fortitudo*, aus dem Weg gegangen und hat stattdessen aus dem johanneischen Hirtenbild die Lebenshingabe nachgetragen. Das kann man machen. Aber ist nicht in diesem *humilis* auch eine Spur von dem aufbewahrt, was im Matthäusevangelium (Mt 9,36) geschrieben steht von den einfachen Leuten: „Als er aber die Volksmenge sah, fühlte er Erbarmen mit ihnen; denn sie waren abgekämpft und erschöpft wie Schafe, die keinen Hirten haben"?

5. Sonntag der Osterzeit

Deus, per quem nobis et redemptio venit et praestatur adoptio, filios dilectionis tuae benignus intende, ut in Christo credentibus et vera tribuatur libertas et hereditas aeterna.

Gott, durch den wir losgekauft sind, angenommen als Kinder der Liebe, sieh die an Christus glauben voller Wohlwollen an, dass sie wahre Freiheit erlangen und ewiges Erbe.

Diese Oration ist die gleiche wie die vom 23. Sonntag im Jahreskreis, so dass an dieser Stelle nur der dort[1] schon gegebene Kommentar wiederholt werden kann. Warum aus dem reichen Schatz der Orationen nicht hier oder da eine andere gewählt wurde, bleibt ein Geheimnis der römischen Liturgieproduktion. Da bei den Tagesgebeten der Sonntage im Jahreskreis nicht nur die offizielle Übersetzung des *Deutschen Messbuchs*, sondern auch ein zwischenzeitlicher Revisionsvorschlag vorliegt[2], kann bei der Diskussion der Übersetzung hier auf beides Bezug genommen werden.

Der familienrechtliche Begriff der Adoption *(praestatur adoptio)*, der in so vielen Orationen eine Rolle spielt, ist hier verbunden mit dem der *redemptio,* den man natürlich, wie die Übersetzung des *Deutschen Messbuchs* und der *Revisionsvorschlag,* mit „Erlösung" übersetzen kann („Gütiger Gott, du hast uns durch deinen Sohn erlöst und angenommen als deine geliebten Kinder"). Das Bildfeld der Adoption legt es jedoch nahe, hier statt des theologisch generellen den wörtlichen Sinn von *redemptio* zu aktivieren, also an den Loskauf zu denken, der damit ursprünglich gemeint ist. Ein Sklave wird aus der Verfügungsgewalt eines anderen Herrn losgekauft und als freier Sohn in die eigene *familia* aufgenommen. Das ist der neutestamentlichen Soteriologie kein ganz fremder Gedanke: „Denn ihr seid teuer erkauft worden *(Empti enim estis pretio magno)*", 1 Kor 6,20; vgl. 7,23. Und Offb 5,9 wird der teure Preis dann auch ausdrücklich genannt: „denn du bist geschlachtet worden und hast für Gott durch dein Blut Menschen losgekauft *(redemisti)*". Die blutige Lebenshingabe Christi war der Preis, der zu zahlen war, um Menschen für Gott zu gewinnen. Anders als in späteren theologischen Spekulationen ist in diesem biblischen Text nicht davon die Rede, dass in einem großen Heilshandel ein Kaufpreis dem oder jenem, dem Teufel z. B., zu entrichten war. Es ist nur der hohe Preis, der zu zahlen war, um die Menschen freizubekommen zur Adoption. Wenn die Vorstellung also durchaus auch biblisch ist und mit bestimmten Loskauftheorien nicht schon in eins fällt, dann könnte man doch hier auch übersetzen: „Gott, durch den wir losgekauft sind, angenommen als Kinder der Liebe." Diese Adoptivkinder Gottes haben sich nun hier versammelt und bitten darum, dass der *paterfamilias* sich ihnen freundlich zuwende, seine Aufmerksamkeit gütig und wohlwollend auf sie richte *(benignus intende)*. Der *Revisionsentwurf* hat diese erste ausdrückliche Bitte der Oration schon in die Anrede gesteckt („Gütiger Gott, …") und als ersten Versuch der Kinder, die Aufmerksamkeit des himmlischen Vaters auf sich zu lenken, fallengelassen. Warum aber sollte man nicht dabei bleiben? Also: „sieh die an Christus glauben voller Wohlwollen an". Diese Qualifikation, dass die Adoptivkinder eben die „Christgläubigen" sind, lässt der *Revisionsentwurf* um eines vermeintlich besseren Anschlusses der „Bitte um die wahre Freiheit an das Motiv des Erlöstseins" willen fallen. Damit entfällt aber unnötigerweise das für die paulinische und dann auch reformatorische Freiheitssoteriologie so unentbehrliche Moment des Glaubens, des Glaubens an Christus. Es sind die Christgläubigen, die darum bitten, dass das, was ihren Stand ausmacht, sich wirklich realisiert, dass ihnen die Freiheit, die wahre Freiheit, auch in Wahrheit zuteil wird *(vera tribuatur libertas)*. Das gilt für jetzt und für die Zukunft, dass die adoptierten Kinder auch erben, nicht weniger als der Sohn, zu dem sie hinzuadoptiert wurden, dass sie also „Erben Gottes und Miterben Christi" (Röm 8,17) werden, eine *hereditas aeterna* erlangen, ein ewiges Erbe, die Ewigkeit Gottes als Erbe.

Anmerkung

1 Vgl. A. Stock, Orationen. Die Tagesgebete im Jahreskreis, Regensburg 2011, 76–78.
2 Studien und Entwürfe zur Meßfeier (Texte der Studienkommission für die Meßliturgie und das Meßbuch der Internationalen Arbeitsgemeinschaft der Liturgischen Kommissionen im deutschen Sprachgebiet 1), hg. von E. Nagel, Freiburg i. Br. 1996².

6. Sonntag der Osterzeit

Fac nos, omnipotens Deus, hos laetitiae dies,
quos in honorem Domini resurgentis
exsequimur, affectu sedulo celebrare, ut quod
recordatione percurrimus semper in opere teneamus.

Lass uns, allmächtiger Gott, die Festtage, die wir
zur Ehre der Auferstehung des Herrn begehen, mit
herzlicher Anteilnahme feiern, damit, was wir
nachdenklich vollziehen, anhält in unserem
Handeln.

Die alte Oration des Missale Romanum wurde ersetzt, offenbar, weil sie nicht österlich genug erschien; die Oration des früheren 5. Sonntags nach Ostern *„Deus, a quo cuncta bona procedunt"* wurde auf den 10. Sonntag im Jahreskreis verlegt. Nach römischer Auskunft handelt es sich bei dem neuen Tagesgebet um eine Kompilation aus drei verschiedenen Quellen[1], was man ihm irgendwie anmerkt.

Die mit dem Osterzeitkonzept der neuen Liturgie verbundene Absicht, fünfzig Tage lang Sonntag für Sonntag Ostern ausdrücklich zu kommemorieren, ist vor Ermüdung nicht gefeit. Vielleicht haben die Verfasser dieser Oration das, unbewusst, geahnt. Die Freudentage *(hos laetitiae dies)*, die zur Ehre des Auferstandenen begangen werden *(exsequimur)*, sind offenbar nicht so selbstverständlich freudig, dass man nicht um nachhaltige affektive Beteiligung *(affectu sedulo celebrare)* bitten müsste.

Exsequi hat etwas von pflichtgemäßer Durchführung, die von der kultischen Verwaltung angesetzt ist, um dem Herrn durch eine gebührende Feierdauer die nötige Ehre zu erweisen. Vorgeschriebene Rituale, auch solche der Freude, haben es an sich, dass man sie zunächst einmal vorschriftsgemäß vollzieht, *opere operato*. Davon ist die christliche Religion nicht ausgenommen. Die Oration bittet den allmächtigen Gott darum, dass man dies *sedulo affectu*, eifrig *(sedulo)* und innerlich affiziert *(affectu)* feiere, dass es nicht bei der objektiven Kultpflichterfüllung bleibe, sondern man mit dem Herzen dabei sei. Diese affektive Beteiligung an der liturgischen Zelebration ist offenbar die Voraussetzung dafür, dass das, was man da in erneuter Erinnerung durchläuft, der Sache nachdenkend vollzieht *(quod recordatione percurrimus)*, auch nachhaltige Wirkung zeigt, dass es *in opere*, im Handeln anhält. Die Oration äußert sich nicht dazu, wie dieses osterzeitliturgisch motivierte Handeln im Einzelnen auszusehen hätte. Es scheint sich aus der *actuosa participatio* von selbst zu ergeben. Da diese neue Oration ein wenig anbetet gegen eine Gefahr, die die Liturgie selbst heraufbeschwört, wäre zu fragen, ob es im Schatzhaus der römischen Kirche noch Alternativen gibt.

Unsere Übersetzung sucht die Substanz des lateinischen Textes festzuhalten. Sollte sie liturgiesprachlich nicht passabel genug erscheinen, steht die Übersetzung des *Deutschen Messbuchs* ja zur Verfügung: „Allmächtiger Gott, lass uns die österliche Zeit in herzlicher Freude begehen und die Auferstehung unseres Herrn preisen, damit das Ostergeheimnis, das wir in diesen fünfzig Tagen feiern, unser ganzes Leben prägt und verwandelt."

Anmerkung

1 Vgl. A. Dumas, Les Sources, 39.

CHRISTI HIMMELFAHRT

Fac nos, omnipotens Deus, sanctis exsultare gaudiis, et pia gratiarum actione laetari, quia Christi Filii tui ascensio est nostra provectio, et quo processit gloria capitis, eo spes vocatur et corporis.

Allmächtiger Gott, lass uns jubeln in heiliger Freude und in frommer Dankbarkeit fröhlich sein, denn Christi, deines Sohnes Aufstieg ist unsere Erhebung. Und: wohin das Haupt strahlend vorangegangen ist, dahin ist auch der Leib in Hoffnung berufen.

Wie durchgängig im Osterfestkreis, wurde auch die Oration des Himmelfahrtsfestes durch eine neue ersetzt. Die alte war nicht schlecht: „Allmächtiger Gott, wir bekennen gläubig, dass am heutigen Tag dein Eingeborener, unser Erlöser, zum Himmel aufgefahren ist, und bitten nun: Gib, dass auch wir selbst mit unserem Geiste im Himmel wohnen *(… mente in caelestibus habitemus)*". Das entspricht dem augustinischen Motiv, mit dem die patristische Lesung im heutigen Leseoffizium einsetzt: *„ascendat cum illo cor nostrum"* – „unser Herz steige mit ihm empor".

Der Text des neuen Tagesgebets mutet als eine im liturgischen Bastelwerk vollzogene Wiedergutmachung an für eine Maßnahme der Neuorganisation des Festformulars. Im Brevier wurde die seit Jahrhunderten gebräuchliche patristische

Lesung aus einer Himmelfahrtspredigt Leos d. Gr. durch den erwähnten Sermo Augustins ersetzt. Die neue Oration orientiert sich an einer Passage dieser früheren Lesung, in der es heißt: *„Quia igitur Christi ascensio nostra provectio est; et quo praecessit gloria capitis, eo spes vocatur et corporis: dignis, dilectissimi, exsultemus gaudiis, et pia gratiarum actione laetemur."* Das ist fast wörtlich übernommen, mit dem einen, rhetorisch nicht unbedeutenden Unterschied, dass das, was bei Leo d. Gr. eine Aufforderung an die Gläubigen ist, in der Oration zu einer Bitte an Gott wird. Der Papst expliziert seinen Zuhörern, was für ein Gewinn die Himmelfahrt Jesu für sie sei, und dass sie sich entsprechend freuen und dankbar erzeigen sollten. Die Oration bittet Gott, uns freudig und dankbar zu stimmen *(„Fac nos ... "),* und führt (ihm?, uns?) als Begründung dieser Bitte *(„quia ... ")* vor Augen, was die Himmelfahrt heilsökonomisch erbringt. Die Predigt bemüht sich, den Zuhörern die Sache mit der Himmelfahrt so deutlich zu machen, dass aus ihrer Einsicht Freude und Dankbarkeit hervorgehen, die Oration will die Affekte direkt von Gott. Der homiletischen Logik folgend müsste die Oration die Bitte enthalten, dass man wirklich versteht, was Gott mit dieser Erhöhung Christi für die Menschheit getan hat, und dass man darüber sich freut.

Obwohl die neue Oration sich auf ein bewährtes, sprachlich kunstvolles Stück patristischer Himmelfahrtstheologie stützt, ist sie gebetslogisch nicht ganz überzeugend. So kann man es verstehen, dass die Übersetzung des *Deutschen Messbuchs* nach Auswegen gesucht hat: „Allmächtiger, ewiger Gott, erfülle uns mit Freude und Dankbarkeit, denn in der Himmelfahrt deines Sohnes hast du den Menschen erhöht. Schenke uns das feste Vertrauen, dass auch wir zu der Herrlichkeit gerufen sind, in die Christus uns vorausgegangen ist."

In der hier unternommenen Übersetzung ist freilich der lateinische Ursprungstext nur noch schwer zu erkennen. Auf den ornamentalen Aufwand des Eingangssatzes *("sanctis exsultare gaudiis, et pia gratiarum actione laetari")* wurde verzichtet. „Erfülle uns mit Freude und Dankbarkeit" heißt es lakonisch statt, wie man wörtlich zu übersetzen hätte: „in heiligen Freuden zu jubeln und in frommer Dankbarkeit sich zu freuen". Im heutigen Gebet erscheint das rhetorische Pathos, das der Papst des 5. Jh. sich genehmigte, in der Tat etwas übertrieben.

Theologisch gewichtiger sind die Veränderungen im zweiten Teil, der die eigentlich leoninische Himmelfahrtskonzeption enthält, auf der Grundlage der biblisch begründeten Leib-Christi-Vorstellung. Diese geht im paulinischen bzw. deuteropaulinischen Schrifttum in zwei Hauptrichtungen. 1 Kor 10,17; 12,12–27; Röm 12,4f. wird die Einzelgemeinde als „Leib Christi" angesprochen. Sie ist ein soziales Gebilde, dessen unterschiedliche Glieder organisch in einem Geist zusammenwirken. Das aus der politischen Topik der Stoa stammende Modell des Staates als eines sozialen Organismus ist hier auf die besonderen Verhältnisse einer in Christus gründenden Ortsgemeinde übertragen. Bei der zweiten, im Epheser- und Kolosserbrief (Eph 1,22f.; 3,6; 4,4.12.16; 5,23.29; Kol 1,18.24; 2,19; 3,15) greifbaren Tradition steht die *ekklesia* als Gesamtkirche im Blick und ihr Verhältnis zu Christus, das als Verhältnis von Haupt und Leib *(kephalê/caput* und *sôma/corpus)* beschrieben wird. Religionsgeschichtlicher Hintergrund sind wohl kosmologische Spekulationen jüdisch-gnostischer Herkunft zum Adam-Urmensch-Mythos.

Papst Leo d. Gr. greift die zweite Linie auf und gibt ihr eine dem Himmelfahrtsfest eigene Wendung. Haupt und Leib stehen im Zug einer Bewegung; das Haupt ist vorangegangen, der Leib hofft nachzukommen; das Haupt ist sozusagen der Kopf einer noch im Gang befindlichen Bewegung. Das gewählte Vokabular hat politische Konnotationen: *„provectio"* ist die Beförderung in eine höhere Stellung (im Staat, im Heer), und entsprechend denkt man bei *„ascensio"* an einen Aufstieg nicht so sehr im räumlichen als im sozialen Sinn, das Erlangen einer höchsten Ehrenstellung *(„gloria capitis")*. Dorthin hofft auch der Leib „versetzt", „berufen" *(„vocatur")* zu werden. Berechtigt ist solche Hoffnung aufgrund der Einheit von Haupt und Leib. Wie das Heer teilzunehmen hofft am Ruhm des Heerführers und eine römische *familia* an der Ehrung des *dominus*, so der Leib an der *gloria* des Hauptes. Die römische *theologia politica*, die Leos d. Gr. Kirchenpolitik prägt, gibt der neuen Verbindung von *sôma-Christou*-Ekklesiologie und Himmelfahrt eine Art rhetorischer Rechtsform.

Die Übersetzung des *Deutschen Messbuchs* geht offenbar davon aus, dass diese Vorstellung unter heutigen Bedingungen nicht belebbar, also im Gebet nicht beizubehalten ist. Stattdessen wird eine andere patristische Idee aufgegriffen, dass mit der Himmelfahrt Jesu „der Mensch" erhöht worden sei, dass noch nicht wir in Person, wohl aber die *„substantia nostra"*, die Menschennatur also, bei Gott angekommen sei. Es ist ein theologisches Interpretament, das auch in anderen Texten der Himmelfahrtsliturgie (Postcommunio, Eigentexte der Eucharistischen Hochgebete) begegnet und sicher bedenkenswert ist, aber nicht weniger interpretationsbedürftig erscheint als das vom Leib Christi.[1]

Die für Leo d. Gr. maßgebende Logik des Haupt-Leib-Geschicks wird in der neuen Übersetzung in eine Bitte verwandelt, die Bitte um das „feste Vertrauen, dass auch wir zu der Herrlichkeit gerufen sind, in die Christus uns vorausgegangen ist". In der Vorsicht der Bitte melden sich Himmelfahrtsfestunsicherheiten, die dem predigenden römischen Pontifex fernlagen. Die Übersetzung des *Deutschen Messbuchs* signalisiert jedenfalls, dass die im Zuge der Liturgiereform neu eingeführte Oration nicht unbesehen in den Gebetshaushalt übernommen werden kann. Ob man die lateinische Oration und ihr prägnantes Himmelfahrtskonzept durch Bearbeitung retten kann oder sie besser ersetzen sollte, ist mit der vorgetragenen Analyse nicht entschieden. Sie öffnet erst die Frage, um was am Himmelfahrtstag heute am ehesten gebetet werden sollte.

Anmerkung

1 Vgl. A. Stock, Poetische Dogmatik. Christologie 2. Leib und Leben, Paderborn 1998, 295–303.

7. Sonntag der Osterzeit

Supplicationibus nostris, Domine, adesto propitius, ut, sicut humani generis Salvatorem tecum in tua credimus maiestate, ita eum usque ad consummationem saeculi manere nobiscum, sicut ipse promisit, sentiamus.

Sei uns gütig nahe, Herr, jetzt, wo wir zu dir rufen. Wie wir den Retter des Menschengeschlechts bei dir in deiner Herrlichkeit glauben, so lass uns auch empfinden, dass er mit uns ist bis zum Ende der Welt, wie er selbst es verheißen hat.

Die neue Oration am Sonntag zwischen Christi Himmelfahrt und Pfingsten kann als Beispiel dafür genommen werden, dass die Autoren der neuen liturgischen Texte mit ihren lateinischen Vorlagen in einer Freizügigkeit umzugehen imstande waren, die dem Übergang in die Landessprachen später nicht mehr genehmigt wurde. Die römische Liturgieverwaltung gibt als Quelle das „Sacramentarium Gelasianum Vetus (Nr. 580)" an[1]. Dort findet sich der folgende Text: *„Adesto domine supplicationibus nostris, ut sicut humani generis salvatorem consedere tecum in tua maiestate confidimus, ita usque ad consummationem saeculi manere nobiscum quemadmodum est pollicitus sentiamus."*[2] Über den semantischen und rhetorischen Zugewinn der hier für nötig gehaltenen Nachbesserung ist nicht kleinlicher Streit anzufangen, nicht recht einzusehen ist aber, warum die neue Fassung das *consedere* übergangen hat, also die Vorstellung, dass Christus in der Herrlichkeit mit Gott „thront", was doch sowohl in der Bibel wie im Glaubensbekenntnis ein elementarer Topos ist: „sitzend *(sedens)* zur Rechten des Vaters".

Unsere Übersetzung hat die etwas umständliche Konstruktion *(ut, sicut; ita; sicut)* aufzulösen versucht, wie es auch die Übersetzung des *Deutschen Messbuchs* tut, die lautet: „Allmächtiger Gott, wir bekennen, dass unser Erlöser bei dir in deiner Herrlichkeit ist. Erhöre unser Rufen und lass uns erfahren, dass er alle Tage bis zum Ende der Welt bei uns bleibt, wie er verheißen hat." Das für den Ausgangstext offenbar wichtige „wie – so" ist hier in eine Parataxe („und") übergegangen. Die beiden Sachverhalte, dass er dort ist und hier bleibt, dort bei Gott, im Binnenraum seiner Majestät *(in tua maiestate)*, und hier bei uns, stehen einfach nebeneinander. Der lateinische Text geht offenbar davon aus, dass es in dieser Bilokation, *tecum – nobiscum*, fest sitzend bei Gott und mitgehend mit den Menschen, eine gewisse Spannung gibt und möchte sie als gleichgewichtig zusammenhalten.

Im Neuen Testament gibt es zwei ursprünglich getrennte Vorstellungen, die Inthronisation des Auferstandenen zur Rechten des Vaters, seine Einsetzung in eine göttliche Machtstellung, seine Erhöhung zum einen und die Entrückung, den Entzug einer Auffahrt in den Himmel zum anderen. Das erste dominiert in den apostolischen Briefen, das zweite liegt den Erzählungen am Schluss des Lukasevangeliums und am Anfang der Apostelgeschichte zugrunde. Der Schluss des Markusevangeliums (Mk 16,19) hat bereits beides verbunden, wenn es vom Herrn Jesus heißt: *„assumptus est in caelum, et sedet a dextris Dei"*, was ja dann auch ins Credo eingegangen ist und im Lesejahr B im Evangelium von Christi Himmelfahrt steht. Beides gehört zum Repertoire des Festes, aber die lukanische Version der Entrückung bildet doch den eigentlichen „Mythos" eines am vierzigsten Tage nach Ostern zu feiernden Festes.

Das Tagesgebet greift die lukanische Imagination nicht auf, sondern beschränkt sich auf das Bekenntnis zur Erhöhung. Es geht auch im zweiten Teil nicht auf das spezifisch lukanische Motivrepertoire ein, in dem die Entrückung mit der Wiederkunft Christi und mit dem Warten auf den Geist verbunden wird. Es bringt vielmehr etwas ins Spiel, was mit Himmelfahrt ursprünglich gar nichts zu tun hat, ja das darin enthaltene Moment des Entzugs sogar in gewisser Weise dementiert, nämlich die Verheißung, dass er bis zum Ende der Welt bei seinen Jüngern bleibe. Das kommt aus dem Schluss des Matthäusevangeliums, das keine Himmelfahrt kennt, sondern nur jene letzte Erscheinung auf dem Berg, bei der Jesus, allmächtig geworden („Mir ist alle Gewalt gegeben im Himmel und auf Erden", Mt 28,17), die Jünger zur Weltmission aussendet und ihnen dafür (!) seine bleibende Gegenwart zusagt, dass er, wie der mit seinem Volk mitgehende Gott des Alten Testaments, mitgeht mit seinen Leuten in die Diaspora der Weltzeit.

Die Oration notiert diese Verheißung, scheint aber davon beunruhigt, dass man das nicht merkt, und bittet darum, *ut sentiamus*, dass wir das auch empfinden. Während im ersten Teil der Oration der Glaube offenbar ausreicht und als gegeben unterstellt wird *(credimus)*, genügt hier offenbar die reine Verheißung nicht, man möchte ihre Erfüllung auch spüren. Die Empfindung der Gegenwart Christi könnte man auch den Geist nennen. In den Hymnen und Gebeten zum Hl. Geist spielen Affekte und Empfindungen eine große Rolle. Man könnte in der Bitte *ut sentiamus* also auch eine verkappte Bitte um den Beistand des Geistes sehen, was man natürlich in der Woche vor Pfingsten auch etwas deutlicher sagen könnte.

Auffällig ist, dass die Oration das spezifisch lukanische Motivrepertoire nicht in Anspruch nimmt, sondern dem Matthäustext, der mit Himmelfahrt ursprünglich nichts zu tun hat, ein solches Gewicht verleiht. Der äußere Grund, dass nach neuer Leseordnung auch Mt 28,16–20 zu einem Festtagsevangelium avanciert ist (Lesejahr A), ist dafür nicht ausreichend. Es scheint vielmehr eine theologische Neigung zu sein, als den kerygmatischen Kern des Festes die „endgültige Anwesenheit des Herrn" anzusehen: „Christus ist kraft der Himmelfahrt nicht der von der Welt Abwesende, sondern der auf neue Weise in ihr Anwesende."[3]

Die Osterkerze, die im alten Ritual nach dem Evangelium des Himmelfahrtstages ausgelöscht wurde, bleibt weiter an. Was die ältere, im Imaginationsraum der biblischen Himmelfahrtsgeschichte selbst sich bewegende Liturgie und Theologie primär empfunden und inszeniert hatte, erschien der neueren als störende Unterbrechung eines sich nur vertiefenden Anwesenheitskontinuums. Das Moment der körperlichen Entfernung, des definitiven Verschwindens aus dem irdischen Blickfeld, das in der apostelgeschichtlichen Himmelfahrtserzählung gewiss den narrativen Kern bildet, sollte nicht durch liturgische Aktionen noch weiter Raum greifen. Das negative Moment, das jede Trennung enthält, ist von vornherein übergriffen durch den Sublimationsgewinn größerer Nähe.

Der heutige „7. Sonntag der Osterzeit" betont das Kontinuum der Pentekoste, das eigentlich durch Himmelfahrtsunterbrechungen nicht gestört werden sollte. Der einstige „Sonntag in der Oktav von Christi Himmelfahrt" fasste diese Zeit als besondere, als „Pfingstnovene", in der man, wie die vom Herrn verlassene Jüngerschar im Saale zu Jerusalem, auf die Ankunft des Geistes wartete, die hinterlassene Leere mit Sehnsucht nach dem Geist gefüllt. Ein solches Moratorium göttlicher Anwesenheit liturgisch zu bedenken, könnte unter heutigen Erfahrungsbedingungen durchaus Sinn haben. Eine darauf eingehende Oration müsste aber einen anderen Duktus haben als die vorgeschriebene, einen Duktus, dem sich das *„Veni sancte Spiritus"* von selbst anschlösse.

Anmerkungen

1 Dumas, Les Sources, 75.
2 Zit. nach Pascher, Die Orationen 3, 62.
3 Art. Himmelfahrt Christi II. Systematisch (J. Ratzinger), in: LThK² 5, 360–362.

Pfingsten

Deus, qui sacramento festivitatis hodiernae universam Ecclesiam tuam in omni gente et natione sanctificas, in totam mundi latitudinem Spiritus Sancti dona defunde, et, quod inter ipsa evangelicae praedicationis exordia operata est divina dignatio, nunc quoque per credentium corda perfunde.

Gott, der du im Geheimnis des heutigen Festtags deine Kirche auf der ganzen Erde heiligst, in jedem Volk, in jeder Nation, gieße in die weite Welt die Gaben des Heiligen Geistes aus, und was deine göttliche Gnade gewirkt hat, als es mit dem Evangelium begann, das durchströme auch jetzt die Herzen der Gläubigen.

Da zu Pfingsten sprachliche Vielfalt von Anfang an dazugehört, sei die Übersetzung, die die lateinische Pfingstoration im *Deutschen Messbuch* gefunden hat, hier gleich angeführt: „Allmächtiger, ewiger Gott, durch das Geheimnis des heutigen Tages heiligst du deine Kirche in allen Völkern und Nationen. Erfülle die ganze Welt mit den Gaben des Heiligen Geistes, und was deine Liebe am Anfang der Kirche gewirkt hat, das wirke sie auch heute."

Wenn *universa Ecclesia* gleichbedeutend mit *Ecclesia catholica* ist und *catholica* eben im Sinne der Universalität zu verstehen ist, dann kommemoriert die Oration Pfingsten als Gründungstag eben der „heiligen katholischen Kirche", zu der sich die Gläubigen im Credo bekennen. *Ecclesia* ist im lateinischen Text betont großgeschrieben, und es heißt *Ecclesiam tuam*, „deine Kirche", also die Gottes. *Ecclesia* ist lateinisches Lehnwort vom griechischen *ekklesia* und dieses seit der Septuaginta gängige Übersetzung von hebräisch *qahal* = Versammlung, Volksversammlung. *qehal jaweh* meint im Alten Testament Gottes Volksversammlung. Das neutestamentliche Selbstverständnis der christlichen Gemeinde als einzelner wie in ihrem Verbund als *ekklesia tou theou* baut darauf auf. Die Kirche ist eine von Gott einberufene Versammlung von Menschen, die zusammengehören, indem sie zu Gott gehören. Weil „heilig" so viel heißt wie gotteigen, von Gott beansprucht, ihm zugehörig, kann die Konstituierung einer solchen Gottesvolksversammlung als Heiligung des Volkes verstanden werden. Dieser bundesgeschichtliche Untergrund wird in der für den Vorabend von Pfingsten vorgesehenen Exoduslesung in Erinnerung gebracht, wo Gott vom Sinai her den Israeliten bekanntgibt: „Jetzt aber, wenn ihr auf meine Stimme hört und meinen Bund haltet, werdet ihr unter allen Völkern mein besonderes Eigentum sein. Mir gehört die ganze Erde, ihr aber sollt mir als ein Reich von Priestern und ein heiliges Volk gehören" (Ex 19,5f.). Aus allen Völkern *(de cunctis populis)* der Erde hat sich der Schöpfer dieses besondere als *gens sancta* ausgesucht und mit ihm sich verbündet. Heiliges Volk heißt auserwähltes Volk. Heiligung ist Besonderung, Bevorzugung, Eigentümlichkeit, Exklusivität.

Auf diesem Israel-Untergrund betet nun die Pfingstoration: *„universam Ecclesiam in omni gente et natione sanctificas"*. Das *„in omni gente et natione"* nimmt natürlich Bezug auf das *„ex omni natione"* der Pfingstgeschichte, „dass fromme, gottesfürchtige Männer aus jedem Volk unter dem Himmel" herbeiströmten. Das sind dort Juden und Proselyten aus der weiträumigen Diaspora, aber schon bald zeichnet sich in der Apostelgeschichte ab, dass diese jüdische Vielvölkerversammlung nur das pfingstliche Vorspiel des Gangs zu den Heidenvölkern selbst ist. So konstatiert Petrus bei der Bekehrung des heidnischen Hauptmanns Kornelius, „dass Gott nicht die Person ansieht, sondern (dass) in jedem Volk *(in omni gente)*, wer ihn fürchtet und Gerechtigkeit übt, ihm willkommen ist" (Apg 10,35). Nun sind die Heiden also willkommen in der Volksversammlung Gottes, die *gens sancta* ist kein von den Völkern des Erdkreises aus- und abgesonderter Volksstamm mehr, sondern eine *universa ecclesia*, eine allen Völkern und Nationen offenstehende Versammlung. Es ist der Geist Gottes, der solcherweise über die am Sinai vereinbarte Heiligkeitsgrenze hinaustreibt, indem er unter den Heiden zu heiligen beginnt (vgl. Apg 10,45).

Diese Reichweite sucht unsere Übersetzung festzuhalten, indem sie das *universam*, anders als die Übersetzung des *Deutschen Messbuchs*, beibehält, ohne geradewegs „katholisch" zu sagen. „Kirche auf der ganzen Erde" schließt sich an das 2. Hochgebet an, wo es heißt: „Gedenke deiner Kirche auf der ganzen Erde". Mit dem bewusst nachgestellten „in jedem Volk, in jeder Nation" wird nicht das Summarische („in allen Völkern und Nationen") unterstrichen, sondern das je Besondere, das ja auch in der Pfingstgeschichte eine Rolle spielt, wenn sie alle, Nation für Nation, aufgezählt werden: „Parther, Meder und Elamiter …"

Die an diese Anamnese anschließende Bitte ist zweigeteilt: *„defunde"* – *„perfunde"*. Die Urfassung des Gelasianums hat beide Mal *defunde* und unterstreicht so die Gleichartigkeit des Vorgangs, anders als die Bearbeitung, die hier offenbar einen Unterschied sieht oder vielleicht nur Abwechslung sucht.[1] Es ist die mit dem Hl. Geist als Fluidum verbundene Vorstellung der Ausgießung und Eingießung, die man in der Übersetzung erhalten könnte: „gieße aus" – „durchströme"; die Übersetzung des *Deutschen Messbuchs* hat etwas weniger anschaulich: „erfülle" und „wirke". In der ersten Bitte geht es um die Ausgießung in die Weite der Welt *(mundi latitudinem)*, womit die Globalität noch einmal in den Blick gerückt wird, nun aber in Form einer Bitte: Gott möge die Gaben seines Geistes von Neuem in alle Welt einströmen lassen. Im Horizont der Einleitung der Oration kann man da auch an diese oder jene Nation denken, die diese oder jene Gabe der dem Hl. Geist zugeschriebenen Siebenzahl gerade besonders gut gebrauchen könnte.

Der zweite Teil der Bitte nimmt im engeren Sinn die *credentes* in den Blick, die Gläubigen, ihr Herz. Ihnen soll heute *(sacramento festivitatis hodiernae)* das widerfahren, was in jenem Anfang geschah, den man eben heute liturgisch begeht. Die Übersetzung des *Deutschen Messbuchs* nimmt den Topos von Pfingsten als „Geburtstag der Kirche" auf, wenn sie sagt: „Was deine Liebe am Anfang der Kirche gewirkt hat". Der lateinische Text spricht von den *„evangelicae praedicationis exordia"*, was unsere Übersetzung aufzugreifen sucht: „als es mit dem Evangelium begann".

Doch ist es, so oder so, nicht ganz deutlich, was mit dieser Anfangsgnadenwirkung, um deren Neuauflage man bittet, gemeint ist. Die Apostel wurden „mit dem Heiligen Geist erfüllt und fingen an, in Zungen zu reden" (Apg 2,4); bei den Zuhörern heißt es, dass „ihnen ein Stich durchs Herz ging" und dass sie auf die Frage, was nun zu tun sei, die Antwort erhielten, sie sollten Buße tun, sich taufen lassen, „so werdet ihr die Gabe des Heiligen Geistes empfangen" (Apg 2,37f.). Weder das eine noch das andere wird man unmittelbar für die hier versammelte Christengemeinde herbeiwünschen wollen. Die heraufbeschworene Idee von einem neuen Pfingsten bleibt, genau befragt, also etwas diffus.

Wenn man nicht einfach bei irgendeiner Art von Begeisterung bleiben will, ist es vielleicht nützlich, das Vorgängermodell noch einmal heranzuziehen. Im tridentinischen Missale stand das auch sonst sehr verbreitete und eine enge Beziehung zu den Bitten der Pfingstlieder haltende, einfache Heilig-Geist-Gebet: *„Deus, qui hodierna die corda fidelium Sancti Spiritus illustratione docuisti: da nobis in eodem Spiritu recta sapere; et de eius semper consolatione gaudere."* – „Gott, du hast am heutigen Tage die Herzen der Gläubigen durch die Erleuchtung des Hl. Geistes belehrt; gib, dass wir in demselben Geiste das, was recht ist, verstehen und seines Trostes uns allezeit erfreuen mögen."

Anmerkung

1   Vgl. Pascher, Orationen 3, 71.

Dreifaltigkeitssonntag

Deus Pater, qui, Verbum veritatis et Spiritum sanctificationis mittens in mundum, admirabile mysterium tuum hominibus declarasti, da nobis, in confessione verae fidei, aeternae gloriam Trinitatis agnoscere, et Unitatem adorare in potentia maiestatis.

Gott Vater, der du das Wort der Wahrheit und den Geist der Heiligung in die Welt gesandt und so dein wunderbares Geheimnis den Menschen kundgetan hast, lass uns im Bekenntnis des wahren Glaubens die ewige Dreifaltigkeit in ihrer Ehre anerkennen und die Einheit anbeten in der Fülle ihrer Macht.

Bei dieser Oration handelt es sich um eine Überarbeitung der Oration des tridentinischen Missales. Weggefallen ist die dort vorgesehene Schlussbitte: *„quaesumus, ut eiusdem fidei firmitate, ab omnibus semper muniamur adversis"* – „lass uns kraft dieses Glaubens stets vor allem Unheil gesichert sein". Die seit dem Mittelalter verbreitete Vorstellung, dass der im Glaubensbekenntnis festgehaltene wahre Glaube und das ebendiesen Glauben bezeugende Kreuzzeichen ein wirksamer Schutz sei gegen Unheil und feindliche Mächte, schien offenbar nicht mehr so durchschlagend, dass man sie als Hauptbitte am Dreifaltigkeitssonntag festhalten wollte. Was in der alten Oration schon Gegenstand des in Gnaden gewährten wahren Glaubens war („Du hast deinen Dienern die Gnade verliehen, im Bekenntnis des wahren Glaubens die Herrlichkeit der ewigen Dreifaltigkeit zu erkennen und in der Macht der Majestät die Einheit anzubeten"), wird in der Neubearbeitung zu dem, was man sich erst erbittet.

Neu ist die anamnetische Einleitung. Sie spricht vom Vorgang der Offenbarung, die Bitte aber betrifft zuallererst nicht persönliche oder gemeindliche Auswirkungen dieser Selbstmitteilung Gottes, sondern die Wahrung des Bekenntnisses. Der Offenbarung korrespondiert der Glaube, und der muss so formuliert werden, dass der wahre Gott nicht verfehlt wird. Der erste Sitz im Leben des christlichen Glaubensbekenntnisses ist die Taufe, und dieses Bekenntnis hat von früh an (vgl. Mt 28,19) trinitarische Form. Aber das Interesse der Oration scheint doch in der begrifflichen Schärfung über die reine Taufreminiszenz hinauszugehen. Das „Bekenntnis des wahren Glaubens" hat weniger den Erstübergang zum Christsein überhaupt im Sinn als die spätere Sicherung gegen drohenden Irrglauben, gegen die Gefahr, von Gott falsch zu denken. Das ist ja der zweite Sitz im Leben der *confessio fidei* im Leben der Kirche, die Auseinandersetzung mit der Häresie, die dogmatische Abgrenzung gegen heterodoxe Ketzereien. Wenn in der Oration Gott ein bisschen distanziert darum gebeten wird, dass wir es mit seiner *Trinitas* und seiner *Unitas* richtig halten möchten, so bewegt sie sich auf dieser intellektuellen Ebene, der des nizänischen Symbols und seiner Nachfolger.

„*aeternae gloriam Trinitatis agnoscere*" lautet die erste Bitte – die Glorie der ewigen Dreifaltigkeit wirklich erkennen und anerkennen. Im nizänisch-konstantinopolitanischen Symbolum war die Formel *„simul adoratur et conglorificatur"* der Ausdruck dafür, dass der Heilige Geist, ohne dass man wie beim Sohn von Wesenseinheit sprechen musste, mit dem Vater und dem Sohn die gleiche göttliche Ehre genießt, also kein wenn auch noch so hohes geschöpfliches Wesen ist, sondern zur Gottheit selbst gehört. Das wird von der Oration aufgegriffen, wenn von der *gloria* der Trinität die Rede ist, um deren volle Anerkennung es geht.

Ein deutlicher Akzent wird mit dem Wort „ewig" gesetzt, *aeternae Trinitatis*. Gott ist nicht dreifaltig geworden, er hat sich nicht im Laufe der Religionsgeschichte vom Einen zum Dreieinen entwickelt, kommt nicht im Weltprozess erst dreieinig zu sich selbst, sondern hat in der Zeit nur mitgeteilt, was er *ab aeterno* ist. Die Relation zur Zeit spielt überhaupt in der ganzen Doxologie eine auffällige Rolle; trikolische Zeitformeln gehören zu ihrem festen Repertoire. Das *„Gloria Patri"* endet „wie es war im Anfang, so auch jetzt und alle Zeit und in Ewigkeit". Nicht nur, dass die Glorie *„in saecula"* anhalte, „in alle Ewigkeit", sondern dass sie „im Anfang", als alles, die Zeit selbst also, anfing, schon war, *„ante omnia saecula"*, „vor aller Zeit", mit jenem temporalen Paradox, in dem man, unentrinnbar im Schema der Zeit gefangen, über es hinaus zu denken versucht.

Die zweite, das Bekenntnis des wahren Glaubens erläuternde Bitte des Tagesgebets betrifft die *Unitas*: „und die Einheit anbeten in der Fülle ihrer Macht". Die Einheit wird hier von der *potentia maiestatis* her gedacht, vom Wirken her. Die Trinität ist eins, indem sie immer in eins wirkt. Ist vom Vater oder vom Sohn oder vom Geist die Rede, so berührt man damit immer ein in sich einiges Wirkungsgefüge. Die Gottheit hat sich als dreifaltige Wirkeinheit geoffenbart. Dazu gilt es sich zu bekennen. So Gott anzubeten, ist die christliche Einhaltung des Urgebots, das Jesus dem Satan aus dem Buch Deuteronomium entgegenhält: „Du sollst den Herrn, deinen Gott, anbeten und ihm allein dienen" (Mt 4,10; Dtn 6,13). Die Übersetzung des *Deutschen Messbuchs* orientiert sich locker an der lateinischen Vorlage: „Herr, himmlischer Vater, du hast dein Wort und deinen Geist in die Welt gesandt, um das Geheimnis des göttlichen Lebens zu offenbaren. Gib, dass wir im wahren Glauben die Größe der Dreifaltigkeit bekennen und die Einheit der drei Personen in ihrem machtvollen Wirken verehren." Ohne genau ersichtlichen Grund wurden mehrere Prädikate (Verbum *veritatis;* Spiritum *sanctificationis*; *admirabile* mysterium; *confessionem* verae fidei; *aeternae* Trinitatis) nicht übernommen; die Opposition von *Unitas* und *Trinitas* hat etwas von ihrer rhetorischen Prägnanz verloren. Vielleicht war es die Furcht, zu sehr in die Sprachspur der klassischen Trinitätstheologie zu geraten, die eine weichere Textfassung nahegelegt hat.